CB139995

TESOURO DIRETO
A NOVA POUPANÇA

MARCOS SILVESTRE

TESOURO DIRETO

A NOVA POUPANÇA

FARO EDITORIAL

Diretor editorial PEDRO ALMEIDA
Preparação TUCA FARIA
Revisão GABRIELA DE AVILA E PATRICIA CALHEIROS
Capa e projeto gráfico OSMANE GARCIA FILHO
Foto de capa DAVID FRANKLIN | ISTOCK
Ilustrações Internas BLOOMUA E PURESOLUCTION | SHUTTERSTOCK

Dados Internacionais de Catalogação na Publicação (CIP)
(Câmara Brasileira do Livro, SP, Brasil)

Silvestre, Marcos
Tesouro direto : a nova poupança / Marcos Silvestre. — 1. ed. — Barueri, SP : Faro Editorial,2016.

ISBN 978-85-62409-76-9

1. Investimentos 2. Investimentos de capital 3. Títulos públicos - Brasil I. Título.

16-05281 CDD-332.60981

Índice para catálogo sistemático:
1. Tesouro direto : Investimentos : Economia 332.60981

FARO EDITORIAL

1ª edição brasileira: 2016
Direitos de edição em língua portuguesa, para o Brasil, adquiridos por FARO EDITORIAL

Alameda Madeira, 162 – Sala 1702
Alphaville – Barueri – SP – Brasil
CEP: 06454-010 – Tel.: +55 11 4196-6699
www.faroeditorial.com.br

Dedico este livro a todos os brasileiros que buscam a **prosperidade** com **honestidade**!

Sumário

O Salmo 1, da Bíblia Sagrada, fala de quem é próspero:

É como árvore plantada à beira de águas correntes:
Dá fruto no tempo certo e suas folhas não murcham.

Tudo o que faz prospera

A POUPANÇA JÁ ERA... MAS NÃO PRECISA FICAR TRISTE: TEMOS AÍ O TESOURO DIRETO!

O mercado financeiro é dinâmico: enquanto algumas aplicações murcham... outras florescem!

A caderneta de poupança encerrou 2015 com saque líquido de quase R$ 54 bilhões, o maior registrado em pouco mais de vinte anos, desde 1995, quando se inicia a série histórica medida pelo Banco Central. Em 2014, a poupança ainda teve crescimento, captando R$ 24 bilhões, após ter atingido seu recorde de R$ 71 bilhões de captação líquida em 2013.

Alguns dos fatores que explicam esse fenômeno, que se confirmou no início de 2016, são: o aumento do *desemprego*, que leva as famílias a apelarem para suas reservas de poupança em socorro ao orçamento doméstico, e o *achatamento da renda* do trabalhador, com o desgaste do poder aquisitivo gerado pela inflação acelerada e o aumento de gastos com tarifas em geral: combustíveis, alimentos e tantos outros; fatores esses que forçam diversos pequenos aplicadores a recorrerem à caderneta para complementar as despesas do mês.

Mas, felizmente, nem todos os que tiraram parte (ou todo!) de seu dinheiro da caderneta perderam o emprego e a renda em 2015: muitos aplicadores, na realidade, se ressentiram da perda apurada na poupança nesse ano. Mas perda? Na caderneta? Sim, perda *real*: tomando a inflação acumulada de 10,67% (pelo IPCA) nos 12 meses de 2015, e considerando que a poupança pagou no acumulado do ano apenas 8,09%, vemos que faltariam quase 3% para que a velha caderneta tivesse, ao menos, empatado com a inflação!

Sim, 2015 foi um ano de inflação atípica, exageradamente acelerada. Mas a fidelidade dos aplicadores dinâmicos é com a aplicação que trata seu dinheiro da forma mais digna: conservando-o e valorizando-o, e a caderneta simplesmente não cumpriu com essa função no ano que passou, indicando que também não o faria no ano seguinte.

Nem todos os pequenos aplicadores que trocaram a caderneta por outras ofertas de aplicações mais sedutoras no mercado financeiro fizeram boas escolhas. Diversos deles, assustados, com pouco conhecimento e mal assessorados, destinaram suas reservas para Fundos de Investimento Financeiro com elevadas taxas de administração, ou mesmo CDBS, LCAS e LCIS negociados em condições poucos vantajosas sobre a caderneta.

No entanto, diversos investidores "ligados no lance" já perceberam que existe um excelente substituto, em tudo e por tudo, para a velha caderneta: os títulos públicos, negociados através de uma plataforma on-line especialmente preparada pelo Tesouro Nacional do Brasil para pequenos (ou médios) investidores: o Tesouro Direto (TD). Em dezembro de 2015, o TD registrou mais de 600 mil cadastrados, atingindo assim seu maior número de investidores desde janeiro de 2002, quando foi iniciada a série histórica do programa. Apenas em dezembro de 2015, por exemplo, o Tesouro Direto registrou mais de 20 mil novos cadastros, apresentando um robusto crescimento de 190% em relação ao mesmo mês de 2014.

A explicação para esse poder de atração é simples:

- **RENTABILIDADE.** O TD não só bateu a inflação em 2015 como colocou no bolso dos aplicadores a maior rentabilidade líquida real oferecida em investimentos conservadores e acessíveis entre todos os países do globo! E isso já descontando imposto de renda e quaisquer taxas aplicáveis! (A situação deverá se repetir em 2016, e talvez por mais alguns anos, pelo menos...).
- **ACESSIBILIDADE.** Mais de dois terços das vendas feitas no TD em 2015 foram inferiores a R$ 5 mil. Que tal poder investir a partir de R$ 30? Um valor mínimo absolutamente acessível a todos! E mais: com a garantia de que, qualquer que seja a quantia aplicada, a rentabilidade e a segurança conquistadas serão

igualmente elevadas, sem nenhuma discriminação do pequeno investidor por ter "pouco dinheiro" para aplicar (como normalmente fazem os grandes bancos de varejo).

- **SEGURANÇA.** A única aplicação do país 100% garantida pelo Tesouro Nacional — chega a ser, inclusive, mais segura que a própria caderneta de poupança (garantida até R$ 250 mil pelo FGC, o Fundo Garantidor de Créditos).
- **PRATICIDADE.** Uma vez que se aprende a aplicar nos títulos públicos (o que é bem simples), é possível comprá-los e vendê-los pela web, a partir do conforto e da comodidade de seu próprio lar (ou escritório). Nada de fila, nada de gerente importunando: o acesso ao "Tesouro", neste caso, é "Direto"!

O Tesouro Direto registrou em dezembro de 2015 o maior número de operações de vendas de títulos em um só mês, com quase 140 mil operações (aumento de 221% em relação a dezembro de 2014). Outro recorde registrado no mês foi o volume de vendas líquidas que alcançou R$ 1,2 bilhão, o valor mais alto desde o início da série histórica (volume 277% superior ao registrado no mesmo mês de 2014). Se você ainda não está participando dessa "grande festa" dos pequenos investidores dinâmicos do Brasil... está lendo o livro certo!

Você e eu, juntos, realizando suas aplicações dinâmicas diretamente pela web

Imagine que você está agora lado a lado com seu *coach* financeiro, bem em frente à tela do computador ou com um tablet ou smartphone nas mãos. Juntos nós providenciaremos suas aplicações em títulos públicos pela web. Minha proposta é pegá-lo pela mão e levá-lo tela a tela à conclusão de seus investimentos pela internet, mesmo que hoje você ainda não tenha a menor noção de como fazê-lo. Para mim, será um prazer, pois isso é o que tenho feito com centenas de famílias brasileiras nos últimos dez anos. Agora, teremos a satisfação de poder tocar esse processo juntos, você e eu!

Creio que até mesmo aqueles que já têm algum conhecimento sobre como aplicar no TD encontrarão algum auxílio neste guia para conseguir identificar melhor suas *necessidades* e *possibilidades* como investidores dinâmicos da internet, aprimorando seus critérios de escolha das melhores opções de títulos para seu dinheiro, além de adquirir mais firmeza na realização dos procedimentos corretos para comprá-los e vendê-los.

Não discorrerei sobre o enorme impacto que a internet tem causado em termos de popularização do acesso à informação em geral, mas gostaria de lembrar que esse processo, constatado nos últimos anos em tantas diferentes áreas do conhecimento humano, impactou de maneira simplesmente revolucionária o mercado financeiro brasileiro.

Os constantes investimentos do Tesouro Nacional e das corretoras da BM&FBOVESPA em tecnologia da informação, aliados à rigorosa fiscalização eletrônica sistêmica do Banco Central do Brasil (BCB) e da Comissão de Valores Mobiliários (CVM), garantem hoje, para as aplicações financeiras realizadas pela web em nosso país, um nível de segurança que é referência em todo o mundo.

Investir dinheiro pela internet no Brasil, para quem tiver o cuidado de selecionar a aplicação financeira correta (como este livro lhe ensinará), pode ser tão ou mais seguro quanto dar sua ordem de investimento pessoalmente ao gerente do banco. Nunca vi o dinheiro de um investidor desaparecer do nada na web, seja por mero erro de sistema, seja por eventual má-fé de funcionários de corretoras na operação de seus sites de aplicações.

Nos poucos casos em que presenciei algum engano dessa natureza (lembrando que erros podem ocorrer vez ou outra em qualquer sistema), pude observar que ele foi prontamente corrigido. O investidor pode até ter tomado um susto, mas jamais saiu lesado por isso.

Se você aplicar pela web, quem lhe dará as informações necessárias e boas dicas?

Como correntista de banco, você sabe que tocar a vida financeira pela internet é muito mais prático e barato que ficar visitando as agências bancárias, e isso diz respeito, sobretudo, às aplicações financeiras. Alguém tem saudade daquelas enormes filas para realizar um simples depósito na poupança? Hoje bastam alguns cliques para aproveitar oportunidades interessantes de se ganhar bem mais sem perder de vista a segurança.

Você pode até ponderar que, indo a uma agência bancária para investir, terá acesso ao gerente, que fornecerá boas informações pessoalmente. É fato que um bom gerente de banco poderá auxiliá-lo em uma série de aspectos importantes da sua vida financeira. Mas, no tocante a *investimentos*, para ser bem sincero, prefiro as informações e análises disponibilizadas on-line nos sites das boas corretoras de valores.

Os dados e as orientações dos sites costumam ser mais completos e bem organizados, mais neutros e confiáveis que aqueles disponibilizados nas agências bancárias. Além disso, você também pode consultar essas informações sete dias por semana e 24 horas por dia, acessando o conteúdo quantas vezes quiser, sem vergonha de "ficar perguntando" sobre o mesmo assunto quantas vezes achar necessário.

Aliás, isso também vale para o atendimento on-line em tempo real ou mesmo para o atendimento por telefone das corretoras: o suporte costuma ser de ótima qualidade e quase sempre resolve o problema/desafio do investidor já no primeiro contato. Para esclarecer dúvidas conceituais e operacionais sobre suas aplicações, existem ainda palestras presenciais ou virtuais, *chats* e salas ao vivo, que cobrem os mais variados aspectos do mercado financeiro. Enfim: informação rica, variada, disponível de maneira aberta e gratuita para aqueles que estiverem dispostos a dar a virada, abrir sua conta em uma boa corretora de valores on-line e passar a ganhar bem mais dinheiro com suas aplicações dinâmicas em títulos públicos do Tesouro Direto! Este livro lhe mostrará o "caminho das pedras": mas só o caminho, sem as pedras...

CAPÍTULO 1

RENTABILIDADE LÍQUIDA REAL ACUMULADA: O DIFERENCIAL QUE MULTIPLICA SEU DINHEIRO!

Descubra o quanto se pode ganhar a mais com a rentabilidade diferencial dos títulos públicos

Vamos começar nossa jornada de investimentos dinâmicos apurando na ponta do lápis o quanto você pode ganhar *a mais* aplicando nos títulos do Tesouro Direto pela web. Além de ser algo muito simples, você verá que é *altamente compensador* buscar por esse **diferencial de rentabilidade** para seu suado dinheiro!

Para ter uma plena compreensão da **força multiplicadora** dos ganhos nas aplicações mais dinâmicas, como os títulos públicos, e para explorar este diferencial ao máximo será necessário primeiro aposentarmos o conceito trivial de *rentabilidade*, aquele que ainda hoje, infelizmente, é usado pelos investidores amadores: ele é enganoso.

Quero agora que você compreenda e passe a utilizar um outro conceito de ganhos nos seus investimentos: a *rentabilidade líquida, real* e *acumulada*. Essa é a rentabilidade que deve verdadeiramente lhe interessar como investidor dinâmico, esse é o número que você perseguirá — e conquistará — para suas aplicações, sem abrir mão de um milímetro sequer de segurança. E ele terá um surpreendente impacto multiplicador sobre o seu capital.

Rentabilidade bruta nominal mensal: o engano do aplicador amador

Como todos sabem, *rentabilidade* é o quanto a aplicação paga para quem apostar nela o seu dinheiro. O conceito de rentabilidade que se costuma divulgar por aí é o da *rentabilidade bruta nominal mensal*. Você abre o jornal e lê que a caderneta de poupança com vencimento para aquele dia pagará 0,65%. Isso não o empolga como investidor. Esse mesmo jornal também mostra que os FIFs referenciados DI pagaram 0,85% no mês passado. Isso lhe parece razoavelmente mais...

Bem, essa é a tradição na divulgação das informações do mercado financeiro na grande mídia, mas, do ponto de vista do verdadeiro crescimento do dinheiro investido, esse conceito de rentabilidade bruta nominal mensal é muito incompleto e acaba induzindo o investidor a graves erros de estratégia — e assim ele irá escolher mal... e rentabilizar mal!

Com base nesse critério de *rentabilidade bruta nominal mensal* (RBNM), apresento a seguir a Tabela 1.1, que mostra o que se pode esperar das aplicações financeiras brasileiras:

TABELA 1.1 – APLICAÇÕES FINANCEIRAS BRASILEIRAS NO CENÁRIO ATUAL – RENTABILIDADE BRUTA NOMINAL MENSAL (RBNM)	
APLICAÇÕES CONVENCIONAIS	
Caderneta de poupança	0,65%
Certificados de Depósitos bancários (CDBs) (bancos de primeira linha, pequenas quantias, pagando 75% do CDI)	0,85%
FIFs DI e Renda Fixa conservadores (de varejo) (fundos de investimento financeiro de varejo, conservadores)	0,85%
APLICAÇÕES DINÂMICAS	
Títulos públicos (média dos diferentes títulos disponíveis no Tesouro Direto)	1,10%
Títulos públicos "turbinados" (alguns títulos públicos em casos especiais de conjuntura favorável)	1,25%

(*)Supondo taxa Selic próxima de 14% ao ano.

Comparando as diferentes aplicações somente pelo critério da rentabilidade *bruta* nominal mensal, o aplicador chegará a conclusões equivocadas que o levarão a traçar uma estratégia investidora distorcida e a escolher incorretamente entre as diferentes opções do mercado:

- "Os FIFS **conservadores de varejo** e CDBS **para pequenas quantias** pagam razoavelmente melhor que a 'velha' poupança, então eu deveria privilegiá-los." NÃO CONFERE!
- "Os **títulos públicos** pagam muito pouco a mais que a poupança, já que a diferença nem chega ao dobro." ERRADO!

  (*Essa conclusão estaria baseada na conta: 1,25% dos títulos - 0,65% da poupança = 0,60% de rentabilidade diferencial dos títulos.*)

- "Para o pequeno ou médio investidor, as **aplicações conservadoras** pagam mais ou menos a mesma coisa, com diferença muito discreta entre uma e outra. Então, talvez seja melhor ficar com a segurança daquilo que a maior parte das pessoas conhece há mais tempo, como a caderneta de poupança, os FIFS conservadores, ou talvez os CDBS de grandes bancos." não CONFERE!
- "A impressão é que **todas as aplicações seguras** pagam muito pouco. Então, na realidade, nem compensa investir; é melhor gastar todo o dinheiro hoje mesmo e simplesmente ser feliz!" ERRADÍSSIMO!

Não está errada a parte do "ser feliz", nem tampouco a questão do "gastar", porque dinheiro foi feito para gastar! Agora... quem gasta hoje mesmo tudo o que ganha hoje jamais multiplicará seu dinheiro e nunca acumulará reservas para realizar seus desejos e seus grandes sonhos de compra e consumo. Ele ficará eternamente dependente das dívidas e do pagamento de juros elevados que enfraquecem o poder aquisitivo do salário. Não é o que você deseja; do contrário não estaria lendo este livro.

Rentabilidade *bruta* × rentabilidade *líquida*: aqui sua visão de investidor dinâmico já melhora

Neste momento deve entrar em ação a diferença entre *rentabilidade bruta* e *rentabilidade líquida*, ainda *nominal* e *mensal*, mas já *líquida* (RLNM).

Sobre os ganhos brutos obtidos com suas aplicações financeiras incide a cobrança de *imposto de renda*, e algumas aplicações envolvem ainda o pagamento de *taxas*, que também devem ser abatidas do ganho bruto. Ou seja, aquilo que o aplicador ganha em termos brutos não é o que fica em seu bolso no final das contas, mas sim menos, conforme o conceito de *rentabilidade líquida nominal mensal*.

Por esse critério, veja na Tabela 1.2 como fica a comparação das aplicações financeiras brasileiras hoje em dia:

TABELA 1.2 – APLICAÇÕES FINANCEIRAS BRASILEIRAS NO CENÁRIO ATUAL – RENTABILIDADE LÍQUIDA NOMINAL MENSAL (RLNM)	
APLICAÇÕES CONVENCIONAIS	
Caderneta de poupança (por lei, a poupança é isenta de imposto de renda)	0,65%
CDBs (desconto de IR de 15% sobre os ganhos brutos para aplicações com prazo de investimento superior a dois anos)	0,72%
FIFs DI e Renda Fixa conservadores (de varejo) (desconto de IR de 15% sobre os ganhos brutos em dois anos, além de taxa de administração de 2% ao ano sobre o patrimônio)	0,57%
APLICAÇÕES DINÂMICAS	
Títulos públicos (desconto de IR de 15% sobre os ganhos, além de taxa anual de 0,30% da BM&FBovespa sobre o total aplicado)	0,92%
Títulos públicos "turbinados" (desconto de IR de 15% sobre os ganhos, além de taxa anual de 0,30% da BM&FBovespa sobre o total aplicado)	1,05%

(*)Supondo taxa Selic próxima de 14% ao ano.

Esse critério já deixa claro que **os FIFS conservadores** acabam perdendo feio para a "velha" caderneta, pois além de IR são cobradas também elevadas taxas de administração, enquanto os **CDBS de primeira linha** (colocados no mercado investidor por bancos grandes e sólidos), mesmo não cobrando taxas, "apenas" IR, ganham da poupança somente por uma margem muito apertada em termos de rentabilidade líquida.

Alguém poderá lembrar-se neste momento das **LCAS** (Letras de Crédito do Agronegócio) ou **LCIS** (Letras de Crédito Imobiliário), que são quase idênticas aos CDBS na *forma de negociação* (não cobram taxas), iguais também no quesito *segurança* (desde que os emissores das letras sejam bancos sólidos), na *liquidez* ofertada (também de curto prazo) e ainda por cima não pagam IR! Ora, não seriam essas letras de crédito — essas sim! — a nova poupança?

Teoricamente, o apelo das LCAS e LCIS é interessante, mas há um problema prático: sabendo de tudo isso, os bancos já oferecem nesses títulos uma porcentagem do CDI ainda menor que nos CDBS (por exemplo: 60% numa LCA ou LCI contra 75% num CDB similar). E isso quando eles estão mesmo dispostos a captar dinheiro do pequeno investidor nessas letras, o que é raro, porque os CDBS têm bem mais tradição nesse segmento do mercado e acabam sendo o instrumento mais utilizado para a captação na rede bancária pelo aplicador de pequeno porte. Na prática, as LCAS e LCIS: 1) simplesmente não estão disponíveis para o pequeno aplicador; ou 2) lhe remuneram algo muito próximo dos CDBS de varejo em termos líquidos. Mas... não desista de trocar a poupança e ainda ter vantagem: ainda temos os títulos do Tesouro Direto!

Bem, como você pode perceber, sua visibilidade de investidor dinâmico já ficou ampliada com esse critério mais detalhado de rentabilidade *líquida*. Ainda assim, comparando as diferentes aplicações somente por sua rentabilidade líquida nominal *mensal*, você ainda pode continuar com algumas ideias distorcidas sobre a melhor aplicação para sua grana:

- "Ok, **títulos públicos** pagam mais, porém muito pouco além da poupança e bem menos do que se deveria esperar de **aplicações**

dinâmicas, já que a diferença é (no máximo!) de míseros 0,40%." NADA DISSO!

(*Essa conclusão estaria baseada na conta: 1,05% dos títulos públicos — 0,65% da poupança = 0,40% de rentabilidade diferencial dos títulos.*)

- "Para o pequeno ou médio investidor, as **aplicações seguras, em geral,** pagam mais ou menos a mesma coisa, sobretudo se considerarmos o valor líquido. Então, é melhor ficar mesmo no mais convencional (ou seja, na 'surrada' caderneta)." ERRADO!
- "Como **todas as aplicações confiáveis** pagam muito pouco, simplesmente não vale a pena investir no mercado financeiro brasileiro, a menos que você tenha acesso a algum 'segredo de mercado' ou que alguém lhe dê alguma 'dica quente' de especialista com informações privilegiadas." QUEM TE FALOU?!

Antes que esses erros bobos o impeçam de ganhar mais dinheiro de maneira certeira e segura com títulos públicos, vamos melhorar o conceito de rentabilidade que realmente lhe interessa e daí você enxergará tudo com a clareza que é própria dos investidores multiplicadores.

Rentabilidade nominal × rentabilidade real: vamos ao que interessa de fato para seu dinheiro

Para aprimorar sua visão como investidor dinâmico, é necessário agora introduzirmos o conceito da *rentabilidade líquida real mensal* (RLRM), em oposição à *rentabilidade líquida nominal*.

Como você sabe, existe em nosso país uma "praga financeira" conhecida como *inflação*, que — persistente que é — teima em desgastar o poder de compra do capital investido, enquanto o investidor realiza suas aplicações diligentemente, mês após mês.

Para reconhecer o impacto desse fenômeno sobre seus investimentos e poder assim se proteger de maneira adequada (isso é perfeitamente possível), é necessário descontar a inflação da rentabilidade nominal, a fim de se depurar na ponta do lápis apenas o que é ganho *real*, ou seja, o verdadeiro acréscimo em seu capital investido após a devida recomposição do desgaste no poder aquisitivo gerado pela inflação. O que restar (rentabilidade líquida *real*) será o que de fato entrará no seu bolso para fazer a multiplicação de poder aquisitivo do dinheiro aplicado. E eu comprovarei para você: nos títulos públicos isto pode ser muito!

De 2004 a 2014 tivemos na economia brasileira uma inflação que ficou, na média, em 0,45% ao mês, o que dá 5,50% acumulados ao ano. Se tomarmos um período mais longo, tirando a média dos vinte anos completos de Plano Real (do início de 1995 ao final de 2014), essa taxa de inflação sobe para 0,58% ao mês, ou 7,20% acumulados no ano. Em 2015, devido à desastrosa gestão econômica do governo central, tivemos a maior taxa de inflação acumulada dos últimos vinte anos: o IPCA atingiu 10,67% no acumulado do ano, o que equivale a uma inflação mensal de 0,85%.

Note que em toda esta análise estamos efetuando as medições de inflação pelo IPCA, o Índice de Preços ao Consumidor Amplo do IBGE, que é oficialmente tomado pelo governo como termômetro da inflação no Brasil. Peço que você entenda que, em prazos longos (de diversos anos seguidos), este índice mostra com boa precisão o que está acontecendo *de fato* com o poder de compra da nossa moeda. Sei que, muitas vezes, a percepção dos consumidores na hora em que estão fazendo suas compras no supermercado é de uma inflação maior, como se o índice oficial fosse manipulado ou mal calculado, o que não corresponde à realidade. Nem uma coisa nem a outra, sem "teoria da conspiração": no supermercado, o que nos espanta são as exceções que dispararam, enquanto os itens de preços estáveis (ou até cadentes, porque eles existem, sim) nos passam despercebidos. Qualquer índice de inflação mostra uma média do que acontece com praticamente todos os preços em praticamente todo o território nacional. Por mais que esta ou aquela metodologia de cálculo tenha suas falhas aqui ou ali, pode acreditar nesta verdade econométrica: no longo prazo, o IPCA (ou o IGP-M, ou o INPC, e por aí vai...) mostra, sim, com veracidade o que está acontecendo com o poder aquisitivo da nossa moeda, o real.

Para prosseguirmos em nossa busca pela rentabilidade líquida *real* (descontando a inflação) das diferentes aplicações financeiras, não vamos tomar como referência os 0,45% de inflação mensal média dos últimos dez anos (de 2004 a 2014), nem tampouco a inflação disparatada de 2015, de 0,85% ao mês, porque gosto de fazer contas com pequena margem de erro: vamos então trabalhar com a média destas duas taxas, uma projeção de inflação mensal de 0,65%, o que já faria o IPCA ultrapassar a barreira de 8% acumulados de janeiro a dezembro de cada ano! Este nos parece ser um número mais equilibrado e mais factível para os próximos cinco ou dez anos, por exemplo, embora represente uma inflação já bastante elevada (ou seja, pode crer que tenderá a ser daí para menos).

Considerando essa taxa de inflação média de 0,65% ao mês, veja na Tabela 1.3 como ficam as aplicações financeiras brasileiras pelo critério da *rentabilidade líquida real mensal*:

TABELA 1.3 – APLICAÇÕES FINANCEIRAS BRASILEIRAS NO CENÁRIO ATUAL – RENTABILIDADE LÍQUIDA REAL MENSAL (RLRM)	
APLICAÇÕES CONVENCIONAIS	
Caderneta de poupança	0,65% – 0,65% = **0% ao mês**
CDBs	0,72% – 0,65% = **0,07% ao mês**
FIFs DI e RF conservadores	0,57% – 0,65% = **-0,08% ao mês!**
APLICAÇÕES DINÂMICAS	
Títulos públicos	0,92% – 0,65% = **0,27% ao mês**
Títulos públicos "turbinados"	1,05% – 0,65% = **0,40% ao mês**

Esse novo critério amplia ainda mais sua visibilidade financeira de investidor, e já me permite destacar algumas constatações essenciais, de importante impacto para seus ganhos dinâmicos, que antes estavam encobertas pelas aparências dos números mal interpretados:

- "Diversas aplicações financeiras vendidas nos grandes bancos como sendo competitivas — que é o caso da maior parte dos **FIFS conservadores de varejo** (com taxas de administração de 2% ao ano ou até maiores!) — simplesmente não colocam nenhum dinheiro novo no seu bolso, nem mesmo repõem o desgaste da inflação, e submetem o capital investido a uma perda real de valor ao longo do tempo!" FATO, TRISTE FATO!
- "A mais tradicional das aplicações convencionais, a **caderneta de poupança**, na melhor das hipóteses, empata com a inflação, ou seja, não coloca dinheiro novo no seu bolso. Se a inflação 'assanhar-se' demais, poderá até haver perda na poupança (como foi o caso de 2015). Se ela se mantiver 'sossegada', o ganho real será muito pequeno (como talvez venha a ocorrer nos próximos anos)." ESTA É A REALIDADE, ORA!
- "Há investimentos que parecem mais atraentes, como os **CDBS dos grandes bancos**. Em função das baixas taxas oferecidas para pequenos aplicadores e da incidência de imposto de renda, estas aplicações acabam superando a inflação apenas de forma muito tímida. Você pode até considerar que são aplicações *protetoras*, mas infelizmente elas não serão *multiplicadoras*, porque não farão seu dinheiro crescer." CONVÉM NÃO SE ESQUECER DISSO!
- "Os **títulos públicos** podem pagar, em termos líquidos e reais, algo entre 0,27% e 0,40% ao mês. Isto dá ganhos entre 3,29% e 4,90% líquidos e reais acumulados em apenas um ano, uma faixa de rentabilidade absolutamente invejável para os padrões internacionais, considerando a enorme acessibilidade deste tipo de aplicação e sua grande segurança." PODE CRER!

Experimente o seguinte: apresente estes números a um estrangeiro minimamente familiarizado com o mercado financeiro de seu país, e ele terá dificuldade em acreditar na tremenda oportunidade que temos por aqui! Aliás, grandes investidores internacionais conhecem muito bem a atratividade desta modalidade de investimento, tanto que R$ 1 a cada R$ 5 de títulos públicos brasileiros em posse do mercado investidor está hoje nas mãos deles: se não fossem tão bons, não seriam tão cobiçados por quem mais entende do assunto!

Os números apurados através do conceito de rentabilidade líquida *real* deixam claro que as aplicações mais dinâmicas, como os títulos do Tesouro Direto, pagam não só *um pouquinho a mais* que as aplicações convencionais, mas sim *várias vezes mais*. Com seu surpreendente dinamismo, essas aplicações poderão fazer uma *enorme* diferença positiva na capitalização dos seus investimentos, colocando *muito mais dinheiro* no seu bolso sem expô-lo a riscos desnecessários.

Mas a inflação pode fugir do controle... e acabará engolindo a rentabilidade real

A inflação acumulada no Brasil em 2015 surpreendeu a todos, é verdade, e castigou feio os aplicadores mais acomodados, os mal-acostumados a ganhar dinheiro sem buscar aprender sobre investimentos.

Creio que essa superinflação do ano passado foi reflexo, acima de tudo, de uma crise política fortíssima, que afetou, por tabela, nossa economia, gerando desequilíbrios atípicos, destoantes inclusive de uma certa racionalidade econômica que imperava até poucos anos atrás. Creio que, superados os entraves políticos (e ainda nos resta essa esperança!), nosso país retomará seu crescimento e a estabilização de sua moeda, apesar dos muitos gargalos que ainda temos de resolver como nação. Em minha visão econômica, no longo prazo, o viés da inflação brasileira é de *baixa*, não de alta, e muito menos de descontrole.

De qualquer forma, como ninguém tem bola de cristal (principalmente quanto às ações dos políticos brasileiros), não está descartada a crescente aceleração da inflação nos próximos anos. Nessa hipótese, vale lembrar que nossa tradição de política monetária para combater movimentos de disparada na inflação é promover a elevação dos juros básicos, a chamada *taxa Selic*. Este é o índice pelo qual se balizam todas as taxas de juros (tanto as *pagas* quanto as *cobradas*) no mercado brasileiro. Daí essa taxa Selic também ser conhecida por *taxa básica de juros*, já que todas as demais taxas de juros da praça nascem a partir dessa primeira taxa, que está sempre na base do mercado.

A meta para a taxa Selic é estabelecida pelo Comitê de Política Monetária (Copom) em reuniões de periodicidade normalmente mensal, sempre realizadas às terças e quartas-feiras (quando é então divulgado o novo patamar estabelecido para a tal taxa). Veja só a ponte que existe aqui com as aplicações em títulos públicos: a taxa Selic corresponde exatamente aos juros pagos nas Letras Financeiras do Tesouro (LFTS), também conhecidas no Tesouro Direto por seu nome popular *Tesouro Selic*, justamente um dos três tipos de títulos da Dívida Pública Brasileira que podem ser adquiridos por meio do TD! Inflação subindo, provavelmente significará Tesouro Selic pagando mais!

Há também outro título, a NTNB ou *Tesouro IPCA+*, que traz como indexador o próprio IPCA, oferecendo ao aplicador 100% de cobertura da inflação, além de colocar no seu bolso uma rentabilidade líquida real, hoje, superior a 4% ao ano! Portanto, inflação em ascensão é sinônimo inescapável de Tesouro Direto pagando proporcionalmente mais. Ok, isto não acontecerá com os títulos já emitidos dos tipos LTN ou *Tesouro Prefixado* e NTNF ou *Tesouro Prefixado com Juros Semestrais*, mas com os novos, emitidos num contexto de inflação ascendente, sem dúvida! (Fique tranquilo quanto aos detalhes, pois tudo isto você aprenderá de forma minuciosa e bem simplificada mais adiante.)

Penso que a inflação brasileira não estará fora de controle no futuro projetável dos próximos anos. Mas, mesmo que se mantenha uma aceleração expressiva na alta dos preços em geral, é muito provável que ela não prejudique a rentabilidade líquida real dos títulos do Tesouro Direto. Que não me deixe mentir a história recente do mercado financeiro brasileiro, pois foi justamente isso o que se viu de 2012 para cá: naquele ano, a inflação acumulada fechou em 5,85% (0,47% ao mês), e a taxa Selic em 7,25% ao ano (0,60% ao mês), ambos patamares bastante baixos para as médias históricas. Em 2015, no entanto, o contexto mudou (menos para a rentabilidade dos títulos públicos): a inflação disparou para 10,67% ao ano (0,85% ao mês), mas... a taxa Selic foi catapultada a nada menos que 14,25% (1,12% ao mês)! Entendeu a compensação da coisa?

Em suma, a inflação elevada pode ser (e de fato é!) uma ameaça séria para aplicações convencionais acessíveis ao pequeno investidor, como a poupança, FIFS e CDBS, mas ela felizmente não afeta a essência do dinamismo dos investimentos dinâmicos, como aqueles realizados através do Tesouro Direto. Então, seja com mais ou menos inflação, sigamos adiante na busca de rentabilidade diferenciada com segurança!

Qualquer aplicação lhe parece pagar pouco? Então você precisa trocar sua lente...

Depois de todas essas contas que lhe apresentei, e apesar dos esclarecimentos importantes que elas nos proporcionaram, talvez você esteja agora no auge de sua desmotivação com relação às aplicações financeiras brasileiras. Se esse é o caso, para ser sincero, isso não me surpreende. Afinal, observando os números dos ganhos líquidos reais, para você *todas* as aplicações parecem pagar valores tão incrivelmente pequenos... "Ora, mas nem os títulos públicos, que supostamente estariam na ponta mais dinâmica, remuneram ao menos 1% real ao mês!", diria você. É... na realidade, como vimos, eles provavelmente lhe darão bem menos que isso — apenas 0,40% líquido real ao mês!

"Ah, que mundo é esse? O jeito é esquecer essa história de investir e simplesmente gastar tudo, sem medo de ser feliz!" Calma, muita calma aqui. Não cometa suicídio financeiro por pura precipitação; não pense mal das aplicações financeiras no Brasil, um dos países que, acredite-me, melhor remunera o pequeno investidor dinâmico! Seu eventual desânimo com as aplicações é consequência de um provável equívoco de leitura, que aproveito para desfazer agora.

Onde estaria o erro na interpretação de que a rentabilidade é pequena demais? Talvez debaixo de seu próprio nariz, em uma distorcida *visão de curtíssimo prazo*: jamais devemos analisar as aplicações financeiras somente por sua *rentabilidade mensal*, mas sim por sua *rentabilidade acumulada* ao longo dos meses e dos anos. Isso faz uma diferença quase inacreditável, porém muito concreta quando calculada na ponta do lápis. E não vale só para os dias de hoje no mercado financeiro brasileiro: é um raciocínio que se aplica a qualquer momento histórico de qualquer mercado financeiro do globo. Acompanhe minhas contas e descubra o que diversos investidores multiplicadores experientes já conhecem... e aproveitam há muito tempo!

Rentabilidade mensal × rentabilidade acumulada: a força multiplicadora da notável RLRA

Agora você está finalmente apto a absorver o conceito completo de rentabilidade que de fato interessa ao investidor dinâmico: a *rentabilidade líquida real acumulada* (vou usar a abreviação RLRA, tomando a primeira letra de cada palavra deste conceito completo e acabado de rentabilidade nas aplicações financeiras). Guarde esta sigla: RLRA — ela fará "milagres" por seu dinheiro!

Imagine que nos próximos cinco anos a inflação "se acalme" um pouco e a **caderneta de poupança** consiga produzir pelo menos uma *rentabilidade líquida real mensal* (RLRM) de 0,10% (o que seria hoje algo mais próximo da realidade média dos **CDBs de varejo**). Assim, aplicando R$ 10 mil na caderneta de poupança com esta rentabilidade, o investidor terá daqui a cinco anos R$ 10.618 em valores do momento da aplicação, mas devidamente corrigidos para o momento do resgate pela inflação acumulada nesse período de sessenta meses para preservar o poder de compra do dinheiro, tanto do capital inicial aplicado quanto dos juros ganhos sobre ele.

Essa aplicação convencional resultará, portanto, em um ganho líquido real acumulado em cinco anos de R$ 618 ou 6,18%. Concordo: não é lá muita coisa, mas vale lembrar que esse acréscimo seria feito sem esforço algum, apenas contando com o tradicionalismo e a notória segurança da poupança. É assim mesmo: quem não está disposto a deixar o trivial tem de se contentar com o pouco dinamismo que ele tem a oferecer. Bem, esse já não é o seu caso, pois sei que está em busca de algo mais digno para seu suado dinheiro!

Os mesmos R$ 10 mil aplicados em **títulos do Tesouro Direto** com rentabilidade líquida real mensal (RLRM) de 0,30% resultariam em R$ 11.969. Assim, apuramos que a RLRA no período seria de R$ 1.969, ou 19,69%. Isso equivale a 320%, o que teria pago a caderneta nos mesmos sessenta meses, com exatamente a mesma segurança (talvez até maior!) para o lado dos títulos, e inclusive a mesma liquidez, acessibilidade e praticidade. Quer ganhar, em termos reais, R$ 1 ou R$ 3,20 em diferentes aplicações com idênticas condições? Você é quem sabe do dinamismo que deseja imprimir à multiplicação do seu dinheiro...

É no longo prazo que a *rentabilidade acumulada* revela sua tremenda força diferencial

Quando colocamos na ponta do lápis o retorno que podemos obter de diferentes aplicações financeiras em termos de RLRA, enxergamos claramente que investimentos mais dinâmicos têm um *tremendo potencial multiplicador* e podem colocar *muito mais dinheiro* no seu bolso do que as aplicações convencionais. Para que isso se torne realidade em sua carreira de investidor, será necessário dar tempo ao tempo, pois é no longo prazo que a rentabilidade se acumula em progressão geométrica e mostra sua plena força agregadora.

Vamos imaginar o caso de um investidor que trace a meta de formar uma reserva financeira para sua *aposentadoria*. Partindo de um bom planejamento financeiro, ele se dispõe a aplicar R$ 1 mil por mês durante 360 meses, ou trinta anos, direcionando essa mensalidade para a **poupança ou equivalente**, com uma RLRM esperada de 0,10%. Qual será o custo envolvido em comparação com o benefício colhido? Tal aplicador teria empatado nesse seu plano de investimento o total de **R$ 360 mil** (= R$ 1 mil mensais × 360 meses).

No entanto, em função dos juros ganhos cumulativamente na aplicação, o investidor teria acumulado na poupança, no final desses trinta anos, a bolada de **R$ 433 mil** em valores de hoje, mas então devidamente corrigidos para valores da época. Assim, a RLRA nessa aplicação convencional teria sido de **R$ 73 mil** (= R$ 433 mil acumulados - R$ 360 mil aplicados). Isso dá 20% acumulados no período.

Não exatamente ruim... mas poderia ser melhor, *muito* melhor! O mesmo esforço poupador e investidor mensal direcionado para uma aplicação mais dinâmica, como os **títulos do Tesouro Direto**, com

RLRM de 0,30%, resultaria em **R$ 647 mil**, com uma RLRA de **R$ 287 mil** (= R$ 647 mil acumulados - R$ 360 mil aplicados). Isso dá nada menos que **80% de RLRA** no período!

Nesse caso, o ganho líquido real acumulado teria sido o equivalente a **quatro vezes** o que se conseguiria obter na poupança! Que tal lhe parece essa diferença? E isso, sem correr riscos desnecessários, sem travar sua liquidez, aplicando só em "papéis" de elevada segurança. Não lhe parece muito mais atraente?

Os números falam por si só, e eles não mentem. Justamente por seu enorme diferencial de *rentabilidade líquida real acumulada* (RLRA) é que os títulos federais negociados via Tesouro Direto farão seu dinheiro render *amplamente mais* no médio e no longo prazos, tornando muito compensadora a troca da caderneta de poupança e de seus investimentos convencionais em geral por essas aplicações bem mais dinâmicas.

SÍNTESE DO APRENDIZADO ATÉ ESTE PONTO DO LIVRO

Veja a seguir uma síntese do quanto você já aprendeu até aqui sobre como tornar-se um *investidor multiplicador* — ou seja, aquele aplicador que está determinado a batalhar por ganhos mais dinâmicos, ao mesmo tempo em que não se mostra disposto a abrir mão de um elevado nível de segurança, investindo em títulos públicos via Tesouro Direto!

CAPÍTULO 1

O que faz o dinheiro aplicado crescer e se multiplicar para valer, inclusive de forma bastante diferenciada nas aplicações dinâmicas (como os títulos públicos do Tesouro Direto), é somente a **Rentabilidade Líquida Real Acumulada (RLRA)**. Portanto, é indispensável para o aplicador multiplicador tomar os seguintes cuidados:

- avaliar o impacto do **IR cobrado** sobre as diferentes aplicações;
- conhecer direito as **taxas incidentes** em cada uma;
- calcular o desgaste da **inflação** no poder aquisitivo do dinheiro;
- valorizar o efeito multiplicador dos **juros acumulados** nos anos.

Vamos aprender mais sobre as aplicações? Qual é o seu verdadeiro perfil de investidor?

Resta-nos agora saber se o investimento em títulos públicos oferece segurança e solidez e se pode mesmo ser realizado com praticidade e rapidez. Desde já eu lhe garanto que sim, mas quero lhe apresentar isso em detalhes. Para que possamos superar esse desafio, preciso agora lhe transmitir alguns conceitos importantes sobre as aplicações financeiras conservadoras em geral e também sobre como identificar seu verdadeiro perfil de investidor multiplicador.

O DESAFIO DO INVESTIDOR MULTIPLICADOR: SUAS ASPIRAÇÕES × SUAS APLICAÇÕES

Saiba garimpar as aplicações dinâmicas que melhor se encaixam em seu perfil de investidor

Para aplicar com segurança no Tesouro Direto, inclusive para aprender a escolher de maneira bem prática entre os diferentes títulos disponíveis (eles são todos ótimos, mas há uns "mais ótimos" que outros, conforme suas *necessidades* e suas *possibilidades* em particular), é preciso que você entenda alguns conceitos fundamentais da dinâmica dos investimentos no mercado financeiro brasileiro (que oferece excelentes aplicações, desde que se saiba escolher), e como o investidor multiplicador pode se beneficiar dessa dinâmica para concretizar seus sonhos mais rapidamente e com menor esforço poupador, conforme o seu perfil (que é único e intransferível).

Qualidades fundamentais que definem toda e qualquer aplicação financeira

Qualquer opção de aplicação disponível no mercado financeiro sempre apresentará um conjunto de **características essenciais** que, na prática, definirão quão boa cada uma dessas opções pode ser para suas economias. Essas qualidades fundamentais de qualquer aplicação financeira são: *rentabilidade, acessibilidade, segurança, liquidez* e *prazo de maturação*.

Sei que esses termos, sobretudo os três primeiros, não são novos para você — parece até conversa antiga de propaganda de banco. No entanto, preciso que você repense a maneira distorcida como o mercado financeiro tradicionalmente dissemina esses conceitos, pois algumas ideias vigentes podem acabar induzindo você a erro, perda e frustração ao tentar planejar e implementar suas estratégias de aplicações financeiras dinâmicas. Aqui vão definições bem práticas para cada uma dessas qualidades. Peço que você as mantenha claras em sua mente:

- **RENTABILIDADE.** É o quanto você ganha sobre o que aplica. O que lhe interessa, como já vimos, é, na verdade, a *rentabilidade líquida real acumulada, a* RLRA (e não o conceito distorcido de rentabilidade bruta nominal mensal). Se esse ensinamento ainda não estiver plenamente consolidado em sua mente, volte ao capítulo anterior e assimile-o, porque ele é a base da estratégia de todo investidor multiplicador. Como já constatamos, entre as aplicações conservadoras para o pequeno investidor, os títulos do Tesouro Direto são as que oferecem a melhor RLRA, e de longe!
- **ACESSIBILIDADE.** É o quanto lhe pedem de investimento inicial e ou de aportes regulares (novas aplicações a cada mês) para poder ter acesso a determinada aplicação. A realidade é que o pequeno investidor não tem muito, do ponto de vista dos bancos, mas... para ele, o seu pouco é "muito", e merece ser aplicado com *segurança elevada* combinada com *rentabilidade diferenciada*. Os títulos do Tesouro Direto, como veremos em detalhes, combinam enorme acessibilidade (com aplicações a partir de R$ 30) com grande solidez e muito mais dinheiro no seu bolso, na prática!
- **SEGURANÇA.** É a probabilidade de o investidor chegar a *perder* uma parte (ou todo!) do capital que havia empatado em uma determinada aplicação. Mas o conceito de segurança não pode parar por aí: ele também se estende à probabilidade de *ganhar* de fato aquilo que você projetava ganhar quando escolheu essa

aplicação. Assim, a noção de segurança numa aplicação existe com relação ao desejo de preservação do capital inicial investido, sem dúvida, mas também deve se colocar com relação à expectativa do ganho de juros sobre juros (juros acumulados) na aplicação! Um investimento só é verdadeiramente seguro quando sua segurança apontar estes dois lados. Afinal, de que lhe serviria a segurança de reter o capital inicial, mas correndo o risco de não ganhar nada ou quase nada em termos reais, como é o caso das aplicações conservadoras mais convencionais? O Tesouro Direto resolveu plenamente esse dilema para o aplicador de menor porte.

- **LIQUIDEZ.** É a velocidade com que se consegue resgatar (liquidar) o capital alocado em certa aplicação, chamando o dinheiro novamente para bem perto do seu verdadeiro dono (você). Quanto mais elevada a liquidez, maior agilidade e flexibilidade no uso do dinheiro terá o aplicador. E convenhamos: o pequeno investidor precisa de liquidez, porque está sujeito a surpresas, ou mesmo oportunidades, em sua vida financeira que necessitarão de pronto acolhimento. O Tesouro Direto apresenta *liquidez diária*, ou seja, a qualquer dia, de segunda a domingo, o aplicador poderá vender seus títulos e recuperar o dinheiro aplicado para usá-lo como bem entender!
- **PRAZO DE MATURAÇÃO.** Trata-se de quantos meses/anos se deve aguardar para que uma aplicação amadureça plenamente suas qualidades combinadas de rentabilidade e segurança. É o tempo que se tem de respeitar para não achatar indevidamente a rentabilidade e não comprometer a segurança do capital aplicado e dos ganhos esperados. Naturalmente, quanto menor o prazo de maturação do investimento, melhor para o aplicador. Temos hoje, no Tesouro Direto, títulos que irão amadurecer daqui a três anos, assim como temos outros que só ficarão plenamente maduros daqui a mais de trinta anos! Entre esses extremos, há todo tipo de prazo de maturação para escolher à vontade. Todos eles são títulos que apresentam enorme facilidade de negociação e segurança elevada, por isso será importante escolher aqueles com o prazo de maturação mais ajustados ao seu perfil de investidor, visando maximizar sua rentabilidade.

Prazo de maturação: pouco falado... mas crítico na seleção de aplicações

O pequeno ou o médio investidor não deve (e não pode!) abrir mão de *muita segurança* e de *liquidez elevada*, mas tem todo o direito de querer uma *rentabilidade diferenciada* em suas aplicações financeiras. Isso será possível sempre que, de acordo com seu planejamento financeiro, o aplicador puder ceder, fazer uma "troca bem bolada", no quesito *prazo de maturação* da aplicação. Por isso nos dedicaremos à absorção plena desse conceito crucial e ainda muito pouco trabalhado (da forma correta) no mercado financeiro.

Entenda: cada aplicação financeira dinâmica demandará, conforme sua respectiva modalidade, um prazo de maturação correto para poder apresentar a rentabilidade verdadeiramente diferenciada que você espera dela. Com as aplicações dinâmicas ocorre um processo similar ao dos vinhos nobres, um salutar amadurecimento (e valorização!) com o tempo. Mas cada vinho tem seu prazo correto de maturação e estará pronto para ser saboreado no ápice de suas qualidades somente na época correta determinada pelos especialistas — nem antes, nem depois! Portanto, seu desafio será adquirir o vinho que deverá estar maduro naquele prazo exato em que você desejará/precisará apreciá-lo — por exemplo, naquele importantíssimo jantar comemorativo.

Talento similar deverá ter o investidor dinâmico: para cada grande sonho traçado em sua vida financeira, será preciso saber escolher a aplicação dinâmica com prazo de maturação mais adequado. Essa é a grande arte da seleção das melhores aplicações disponíveis no mercado financeiro. No caso dos títulos do Tesouro Direto, respeitar o prazo correto de maturação de cada título lhe garantirá maior *rentabilidade líquida real* — isso porque suas economias conseguirão se beneficiar, no devido tempo, da rentabilidade pactuada na compra do título, sem nenhuma surpresa desagradável, e também da tabela regressiva do imposto de renda que incide com alíquotas decrescentes no tempo para praticamente todas as aplicações financeiras de renda fixa (como os próprios títulos públicos).

A aplicação dos sonhos de todos... e seu similar factível na vida real

Todo investidor, sobretudo o que tem pouca experiência de mercado, sonha com aquela aplicação que combinaria as seguintes características: a maior *rentabilidade* que se possa imaginar, com total *segurança*, imediata *liquidez* e *prazo de maturação* instantâneo, que esteja pronta para ser "colhida" já madurinha logo no dia seguinte!

O único problema é que essa aplicação, assim, perfeita, sem o comprometimento de nenhuma de suas qualidades fundamentais, simplesmente não existe na vida financeira real; da mesma maneira que não existe um automóvel que seja espaçoso feito um micro-ônibus, barato como uma bicicleta, rápido como um carro de Fórmula 1 e tão econômico quanto um 1.0.

Ao escolher um novo automóvel, buscamos sempre conciliar a melhor relação entre preço, beleza, velocidade e economia no consumo. No fundo, sabemos que essas características competem umas com as outras e temos perfeita noção de que não conseguiremos o melhor absoluto de todos os aspectos em um único modelo. Então, o "segredo" da grande arte da seleção estará em encontrar *o melhor conjunto* que se ajuste a suas *necessidades* e *possibilidades*.

A melhor aplicação só poderá ser encontrada se você conhecer seu perfil de aplicador

O melhor para quem? Para ir aonde? Deseja-se um esportivo para chegar mais rápido, um *off-road* para encarar lama e buracos, uma minivan para caber toda a família ou um carro compacto para se manter longe dos postos de gasolina? Há excelentes conjuntos em quaisquer dessas categorias de automóveis, assim como também existem modelos com relação custo-benefício desfavorável. É preciso garimpar!

Simetricamente, o ato de investir sempre envolverá a escolha do melhor conjunto: você deverá buscar a aplicação que lhe traga a melhor combinação de benefícios *para o seu caso*. Compreenda que tentar garimpar o que de melhor é oferecido no mercado financeiro só será viável se você partir do conhecimento pleno de suas *necessidades* e de suas *possibilidades* como investidor. Não se precipite pegando a primeira aplicação "imperdível" que lhe oferecerem pela frente, mantenha a calma. Invista tempo na largada, na preparação de sua estratégica dinâmica de investimentos, para fazer uma seleção criteriosa das aplicações, buscando um casamento cuidadoso com seu perfil, e você não terá do que se arrepender depois, no dia a dia. É aplicar e desencanar; nada de ficar consultando extrato todos os dias para passar raiva!

Mesmo que você já esteja decidido pelas aplicações em títulos públicos, o desafio da seleção da melhor aplicação financeira permanece: você terá de selecionar os títulos que mais lhe interessam *no detalhe*, porque, em finanças pessoais, vale a seguinte regra: pequenos detalhes fazem uma grande diferença *no final das contas*. Então, fique ligado na discussão a seguir.

Suas *necessidades* × suas *possibilidades*: conheça seu verdadeiro perfil de aplicador

Todo investidor do mercado financeiro traz consigo um conjunto de *necessidades e possibilidades pessoais* que, na prática, guiarão a escolha das melhores aplicações financeiras, conforme o prazo de maturação correto para cada uma delas.

O que definirá o perfil do investidor é a soma de sua *meta de acumulação*, seu *prazo de realização*, sua *capacidade de poupança mensal* e sua *disponibilidade* para se dedicar à atividade investidora. Talvez você não tenha ouvido muita coisa sobre esses conceitos, isso não me soa estranho: devido à ignorância e deficiente formação média dos aplicadores brasileiros, costuma haver um lamentável viés de raciocínio no mercado financeiro em nosso país que puxa a discussão (de quais sejam os melhores investimentos) mais para o lado das aplicações em si do que para o lado que realmente importa: o dos aplicadores!

Ora, a faceta da *oferta financeira* — o lado das instituições financeiras que oferecem produtos de investimento — é só um dos lados dessa moeda. A parte mais importante para você é a do aplicador, da *demanda financeira*, aquilo que os clientes investidores *precisam* e *podem* acessar na hora de aplicar suas economias. É nisso que se deve focar ao traçar seu perfil de investidor para orientar suas escolhas em meio às muitas preciosidades em oposição às grandes porcarias que são ofertadas no mercado financeiro. Por isso uso o termo "garimpar" a partir do seu perfil. Já vi muito aplicador que poderia ter sido amplamente feliz com seus investimentos no Tesouro Direto ser "desviado" desse caminho por gerentes de banco mal-intencionados, distribuidores de produtos financeiros que abusaram da ignorância de pequenos aplicadores para lhes afirmar que tinham "coisa bem melhor para o seu perfil". Sim, há todo tipo de "profissional" em todo tipo de mercado, e você deve se esforçar para fugir dos "picaretas"!

Você já deve ter lido ou ouvido falar da importância de identificar seu *perfil de investidor*, mas esse tipo de discussão costuma errar grosseiramente o objetivo (até para abrir margem para a manipulação do aplicador), dando importância exagerada a um aspecto que pode até ser relevante, mas que não deve ser imperativo no seu posicionamento como investidor: o receio da perda, também conhecido como sua *propensão psicológica ao risco*.

Sua propensão psicológica ao risco, sozinha, não serve para traçar seu perfil de investidor

Ninguém, em sã consciência, aprecia a simples ideia de perder dinheiro, qualquer centavo que seja. Enquanto alguns investidores talvez consigam encarar essa possibilidade com menos temor, a maioria de nós tem total resistência à perda, a qualquer perda (eu, inclusive).

Portanto, no quesito *segurança* em suas aplicações, o perfil psicológico do pequeno ou médio investidor costuma ser, *grosso modo*, o *conservador*, com variações muito discretas de indivíduo para indivíduo. Isso não quer dizer que há um *medo coletivo irracional*, mas puro *bom senso financeiro*. Afinal, dinheiro do salário ou do negócio próprio é suado, difícil de ganhar, e não deve ser exposto a nenhum risco por mero descuido. Queremos todos rentabilizar bem, mas sem abrir mão de um nível elevado de segurança em nossos investimentos. Isso é normal, é saudável, é louvável.

No tocante à *propensão psicológica ao risco*, há um salutar nivelamento dos pequenos aplicadores em torno do *conservadorismo*. Essa padronização é até positiva, mas note que ela nos impede de utilizar tal critério como definidor de quais serão as aplicações mais indicadas para cada investidor: se fôssemos todos conservadores, elas teriam de ser exatamente as mesmas aplicações — porque nenhum de nós quer perder dinheiro, ora!

Assim, precisamos buscar outros critérios práticos e mais relevantes que levem à identificação correta e precisa do perfil do investidor. Desse modo ele poderá "garimpar" com segurança no mercado financeiro, escolhendo as "pepitas" que efetivamente lhe interessem mais, e não apenas aquelas "pedrinhas brilhantes" empurradas até a sua bateia pela correnteza dos bancos. Bem, eu trilhei esse "caminho das pedras" e agora o trago bem mapeado até você.

Conhecer a si mesmo como aplicador é fundamental para obter sucesso e realização em suas estratégias de aplicações financeiras; nisso estamos de acordo. Para facilitar o delineamento de seu verdadeiro perfil de investidor, apresento a seguir definições objetivas das principais *necessidades e possibilidades* de todo aplicador financeiro. Com base nesses critérios, você poderá (aí, sim!) selecionar aplicações com rentabilidade diferenciada e segurança elevada, escolhendo entre os excelentes títulos do Tesouro Direto aqueles que serão os melhores *para você* (e se mantendo devidamente afastado dos constantes assédios de aplicações "concorrentes" que, na prática, lhe oferecem gato de segunda como se fosse lebre de primeira)!

Possibilidades do aplicador: sua *disponibilidade* e sua *capacidade*

Ao traçar seu *perfil de investidor*, preste atenção às seguintes *possibilidades*, ou seja, dimensões que você (aplicador) tem a oferecer (em maior ou menor grau) como pontos fortes para sua estratégia de investimentos:

- **DISPONIBILIDADE DE ACOMPANHAMENTO.** É o nível de interesse por gerenciar ativamente sua estratégia investidora, incluindo aí a quantidade de tempo e energia disponível para concentrar-se nessa atividade (realisticamente falando). É sabido que a maior parte das pessoas tem pouco interesse efetivo pelos meandros do mercado financeiro (talvez não seja mesmo uma das dez áreas mais interessantes da vida). Sem falar no pouco tempo disponível para acompanhar dezenas de gráficos, centenas de tendências, relatórios disso e daquilo e se dedicar a comprar e vender ativos financeiros, freneticamente, várias vezes ao dia. Em suma: há pouca gente com "complexo de Wall Street" (nada contra, mas é para poucos!). Então, é reconfortante saber que os investimentos no Tesouro Direto exigem muito pouco em termos de sua disponibilidade de tempo e energia empatados em suas aplicações dinâmicas!
- **CAPACIDADE DE POUPANÇA MENSAL.** É aquele valor que o aplicador consegue economizar todos os meses para direcionar a determinada aplicação escolhida, com o objetivo de acumular dinheiro, ganhar juros sobre juros e bater sua meta de acumulação. Por exemplo: replanejando seu orçamento pessoal e familiar você poderá, digamos, abrir uma capacidade de poupança de R$ 500 para aplicar todos os meses com o propósito de trocar de carro daqui a três anos - 36 meses (que tal direcioná-los para títulos do tipo Tesouro Prefixado 2019?). Organizando bem os gastos, as contas e compras da família, talvez seja possível liberar outros R$ 2 mil mensais para destinar à acumulação de uma boa reserva financeira para a aposentadoria daqui a trinta anos - 360 meses (não seria uma boa dirigir essa capacidade mensal de poupança para a compra de Tesouro IPCA+ 2050?).

Necessidades do aplicador: suas *metas* e seus *prazos*

Com o objetivo de traçar seu verdadeiro *perfil de investidor*, quero destacar suas *necessidades* de aplicador, ou seja, as restrições que você terá de respeitar na hora de aplicar seu dinheiro (porque são dimensões colocadas pela qualidade de vida que você deseja ter):

- **META DE ACUMULAÇÃO.** Trata-se do valor que o investidor precisa acumular para atender a determinado desejo ou realizar certo sonho de compra e consumo. É aquele grande objetivo financeiro que o motivará a poupar e aplicar todos os meses, regularmente, empreendendo esse sacrifício de forma disciplinada durante um certo período. Por exemplo: a meta de acumular R$ 20 mil para trocar de carro ou a meta de acumular R$ 1 milhão para sua aposentadoria. Na realidade, todos nós, planejadores financeiros, deveríamos traçar com clareza um *conjunto completo* de metas de acumulação — uma para cada desejo/sonho relevante em nossas vidas. Esta é a melhor garantia de que teremos uma vida planejada e plenamente realizada (pelo menos do ponto de vista material).
- **PRAZO DE REALIZAÇÃO.** É a quantidade de meses ou anos entre o ponto de partida da acumulação e aquele momento futuro no qual você pretende realizar seu sonho. Em outras palavras: é o tempo total (medido em meses) que você levará para conseguir bater sua meta de acumulação. Por exemplo, o prazo de realização de três anos para trocar seu carro (veja que há títulos do tipo Tesouro Prefixado com prazo de maturação para três anos) ou o prazo de realização de trinta anos para se aposentar (o Tesouro Direto oferece títulos do tipo Tesouro IPCA+ com prazo de maturação para mais de trinta anos). Cada prazo de realização remeterá a um tipo de aplicação no Tesouro Direto mais indicado (e isso, lógico, vale para opções do mercado financeiro como um todo).

Prazo de realização x capacidade de poupança mensal: o desafio é conciliar harmonicamente esses dois

Todo sonho material tem seu *preço* (sua *meta de acumulação*), mas também tem seu *tempo* (seu *prazo de realização*). Afinal, R$ 20 mil para trocar de carro é um valor razoável, assim como parecem ser razoáveis 36 meses para juntá-los.

Você tem consciência de que não adianta se envolver com aplicações para as quais não terá a devida *disponibilidade de acompanhamento*, feito *day trade* no mercado de ações. Sabe que também não resolve idealizar um prazo de realização desproporcional à sua *capacidade mensal de poupança*, isto é, não adianta especificar um tempo acelerado demais comparado com a velocidade na qual você de fato consegue poupar e aplicar dinheiro. Se desse para poupar mais que R$ 500 por mês para trocar de carro, aí daria para pensar em um prazo menor que 36 meses, mas, do contrário, é melhor ser realista. Por outro lado, você não quer demorar mais do que o estritamente necessário para atender ao seu desejo! Quem pretende esperar dez anos ou mais apenas para trocar de carro?

Desse modo, seu desafio será montar um *plano de investimentos* que o ajude a conciliar o prazo de realização mais curto possível, considerando sua meta de acumulação traçada, com sua verdadeira capacidade mensal de poupança, diante de sua real disponibilidade de acompanhamento. Sim: um bom plano de investimentos lhe permitirá respeitar e atender ao seu verdadeiro perfil de investidor para cada meta importante na sua vida, combinando harmonicamente suas *possibilidades* (disponibilidade de acompanhamento × capacidade e poupança) com suas *necessidades* (meta de acumulação × prazo de realização).

Se sua capacidade de poupança for menor... estique o prazo planejado e daí se ajeite

Vamos imaginar que sua meta de acumulação seja juntar R$ 24 mil para trocar de carro no prazo de dois anos (24 meses). Para isso, fazendo uma primeira conta rápida de simples divisão, você terá de disponibilizar no orçamento R$ 1 mil de poupança mensal (= R$ 24 mil / 24 meses, ainda sem computar os juros ganhos sobre juros).

A questão é simples: fincando os pés no chão, dá para traçar a *meta de acumulação* de R$ 24 mil no *prazo de realização* de 24 meses com a *capacidade de poupança mensal* de R$ 1 mil, sem ter a *disponibilidade de acompanhamento* para especular profissionalmente no mercado de ações, futuros e derivativos? Se der, tudo bem, seu plano estará perfeito! No entanto, se sua capacidade de poupança para esse sonho for de apenas R$ 500 mensais, fica claro que você terá de ajustar seu prazo de realização para, digamos, 48 meses (48 × R$ 500 = R$ 24 mil).

O importante é se planejar direito para chegar lá sem ter de apelar para uma nova dívida. Veja só: se você trocasse o carro já, financiando os R$ 24 mil (que ainda não acumulou) pagando juros de 1,99% ao mês no prazo de 48 meses, terminaria tendo de desembolsar 48 mensais de R$ 780. Isso dá R$ 280 a mais, todo santo mês, em comparação com os R$ 500 da capacidade de poupança mensal requisitada por um plano de investimento simples, o que resultaria em R$ 13.440 de juros pagos a mais no total! Você estaria mesmo disposto a desviar essa quantia do seu poder de compra de qualidade de vida para enriquecer banco ou financeira pagando juros à toa?

Outra consideração: você precisa mesmo de R$ 24 mil como meta de acumulação? Isto é o que ficou na sua cabeça após ter andado olhando na web e fazendo rápidas pesquisas no mercado de autos. Mas... se você se preparar para ter a grana em mãos, poderá fazer um ótimo negócio, pagando menos por algo que vale mais! Então, se diminuir sua meta de acumulação para R$ 18 mil, com a mesma capacidade mensal de poupança de R$ 500 baterá a meta um ano antes, em 36 meses (e isso sem contar o ganho de juros que ainda virá!).

Assim, fica evidente que, se deseja mesmo conquistar o que há de melhor para você e sua família, e ainda fazê-lo da forma mais rápida e menos sacrificada possível, terá de traçar um plano de investimentos bem ajustado ao seu verdadeiro perfil de investidor para cada desejo ou sonho que quiser concretizar! Em tempo: se você ainda não conhece o passo a passo detalhado para traçar um bom plano de investimentos, leia com atenção o próximo capítulo deste livro: *Trace bons planos de investimento para realizar seus maiores sonhos*.

Sonho a sonho, trace o perfil correto e escolha a melhor aplicação para cada um

Digamos que você, no seu papel de investidor dinâmico multiplicador, já tenha se planejado adequadamente, identificando sua meta de acumulação e seu prazo de realização, conforme sua capacidade de poupança mensal, para concretizar seu sonho. Eis aqui alguns exemplos:

- Juntar R$ 10 mil para viajar daqui a um ano;
- Juntar R$ 20 mil para comprar um carro daqui a três anos;
- Juntar R$ 50 mil para se casar daqui a quatro anos;
- Conquistar seu imóvel no valor de R$ 500 mil ou mais, já passado no seu nome, daqui a dez anos (na metade do prazo que levaria para quitar um financiamento imobiliário de vinte anos);
- Dispor de R$ 60 mil para bancar a faculdade de seu filho daqui a 18 anos;
- Acumular R$ 1 milhão (ou R$ 2 milhões!) para se aposentar com uma boa reserva e uma renda de classe média daqui a trinta anos;
- Ou então... concretizar todos esses planos paralelamente!

Você terá chances concretas de conseguir o que parece impossível para a maioria — e bom planejamento financeiro não lhe falta: uma vez que já tem em mãos suas metas de acumulação, seus prazos de realização e, inclusive, um binômio desses para cada um de seus sonhos. Agora, basta garimpar boas aplicações financeiras... e o Tesouro Direto está cheio delas!

Não há apenas um perfil para *cada aplicador*, mas um perfil de investimento para *cada sonho*

Veja que curioso: na realidade, você acabou constatando que não tem *um único perfil de investidor*, mas *vários perfis de investimento*. Na prática, ao montar planos de investimentos competentes, você acabou chegando a *um perfil para cada sonho*, visto que cada meta de acumulação para cada sonho tem seu prazo específico de realização. E, como lhe falei, esse prazo será o fator crítico para fazer a seleção da aplicação que, preservando a segurança e a liquidez, lhe dará a melhor rentabilidade.

A coisa funciona como se você fosse vários investidores ao mesmo tempo, com diferentes metas e, por isso mesmo, com diferentes escolhas a fazer em termos de exatamente quais aplicações financeiras (precisamente quais títulos públicos) casam melhor com seus diferentes prazos de realização. Você irá garimpar entre tudo o que lhe é oferecido de melhor no Tesouro Direto (e no mercado financeiro brasileiro como um todo), considerando investidores de porte modesto, porém dinâmicos e com ímpeto multiplicador, como você.

Antes de prosseguirmos, lembre-se de que, no tocante à *segurança*, você é *conservador* e não deseja correr riscos desnecessários; mas, no que diz respeito à *rentabilidade*, você é *dinâmico* e quer ganhar e multiplicar o máximo possível.

Tendo em mãos o *prazo de realização* do seu sonho, você poderá perfeitamente encontrar a aplicação com *prazo de maturação* que lhe permita conciliar o melhor dos dois mundos: rentabilidade, liquidez e segurança. E o Tesouro Direto tem um bom tanto de tudo isso a lhe oferecer!

Para ganhar mais, não conceda na *segurança*: é bem mais sábio fazer *concessões no prazo*!

Há, no mercado financeiro, uma máxima de bom senso que dita o seguinte: “Quanto maior o risco, maior o retorno". O que não pode acontecer é seguir essa máxima às cegas e passar a acreditar que, expondo-se a risco, seu dinheiro estará *naturalmente fadado* a render mais.

Na prática, a pior maneira de tentar comprar uma *rentabilidade diferenciada* é se predispor a pagar com a moeda da *segurança*. Agindo assim você entregará antecipadamente o "ouro" sem a menor garantia de que a tal aplicação arriscada lhe trará "diamantes" em retorno por tamanho desprendimento.

Ao contrário do que corre por aí, eu lhe afirmo que *ser dinâmico* não tem nada a ver com expor-se a riscos tentando lucrar mais. De fato, uma postura investidora de alto risco pode afastar o aplicador da busca inteligente por aplicações que conciliem segurança elevada com retorno diferenciado, exatamente como os títulos públicos do Tesouro Direto.

Em sua experiência com aplicações financeiras mais dinâmicas, recomendo que jamais pense como se estivesse em um cassino: sua moeda de troca para angariar uma rentabilidade superior jamais deve ser a *segurança* da aplicação, que é sagrada. Apure direito, isso sim, seu *prazo de realização* para ajustá-lo de maneira adequada ao *prazo de maturação* das várias opções de aplicações/títulos, porque aqui você terá margem para fazer concessões que não lhe custarão quase nada, mas poderão lhe valer ouro (literalmente!).

SÍNTESE DO APRENDIZADO ATÉ ESTE PONTO DO LIVRO

Veja a seguir uma síntese do quanto você já aprendeu até aqui sobre como tornar-se um *investidor multiplicador* — ou seja, aquele aplicador que está determinado a batalhar por ganhos mais dinâmicos, ao mesmo tempo em que não se mostra disposto a abrir mão de um elevado nível de segurança, investindo em títulos públicos via Tesouro Direto!

CAPÍTULO 1

O que faz o dinheiro aplicado crescer e se multiplicar para valer, inclusive de forma bastante diferenciada nas aplicações dinâmicas (como os títulos públicos do Tesouro Direto), é somente a **Rentabilidade Líquida Real Acumulada (RLRA)**. Portanto, é indispensável para o aplicador multiplicador tomar os seguintes cuidados:

- avaliar o impacto do **IR cobrado** sobre as diferentes aplicações;
- conhecer direito as **taxas incidentes** em cada uma;
- calcular o desgaste da **inflação** no poder aquisitivo do dinheiro;
- valorizar o efeito multiplicador dos **juros acumulados** nos anos.

CAPÍTULO 2

As **aplicações financeiras conservadoras** são definidas por cinco importantes *qualidades*, e você encontrará uma excelente combinação de todas elas nos títulos públicos oferecidos através do Tesouro Direto:

- **Rentabilidade**: diferenciada e dinâmica;
- **Acessibilidade**: a maior do mercado (igual à da poupança);
- **Risco**: elevada segurança = conservadorismo;
- **Liquidez**: elevadíssima (diária);
- **Prazo de maturação**: do médio ao longuíssimo prazo.

Seu perfil psicológico de investidor isoladamente não define o aplicador que você é, muito menos o investidor dinâmico que deseja ser! Você deve, então, buscar **seu verdadeiro perfil de investidor multiplicador** conforme cada plano que tenha, para cada um de seus sonhos, respeitando sempre as suas *necessidades* e as suas *possibilidades* em cada caso (buscando o que é bom *para você*):

- **Possibilidades:**
  - **disponibilidade de acompanhamento**: naturalmente baixa...
  - **capacidade de poupança mensal**: qual é seu melhor número?

- **Necessidades:**
  - **prazo de realização**: quanto tempo para cada sonho?
  - **meta de acumulação**: quanto acumular em cada plano?

Agora que você entende as aplicações dinâmicas, já é hora de montar seus planos de investimentos

Vamos a partir daqui consolidar todo esse aprendizado que você acumulou até o momento sobre investimentos dinâmicos e seu perfil de investidor, fazendo um uso bem prático de todos esses conceitos: chegou a hora de montarmos bons planos de investimentos para conquistar todos os seus principais sonhos de compra e consumo!

CAPÍTULO 3

TRACE BONS PLANOS DE INVESTIMENTO PARA REALIZAR SEUS MAIORES SONHOS

Seus planos indicarão o quanto poupar e aplicar em títulos públicos todo mês

Eu poderia simplesmente partir do pressuposto de que você *já tem em mãos* o dinheiro que investirá nos títulos do Tesouro Direto e que, portanto, não precisa de orientação sobre onde "garimpar" essa grana. Nesse caso: você já teria uma certa quantia de *dinheiro pronto* (qualquer que tenha sido sua origem) — e pretenderia fazer com ela uma aplicação do tipo *ponta a ponta* (de hoje ao vencimento do título escolhido); ou então já teria se planejado para conseguir poupar regularmente uma certa *mensalidade*, fazendo, a partir daí, aplicações frequentes, do tipo *mês a mês*, em frações ou múltiplos de títulos públicos.

Seria lindo. No entanto, como *coach* financeiro que conhece a fundo a realidade do bolso das famílias brasileiras, sei que a maior parte dos nossos compatriotas (mesmo os de classe média alta!) simplesmente não tem dinheiro pronto ou tem quantias ainda muito pequenas. Poucos são os que também já conseguem poupar todos os meses, com regularidade, para construir seus sonhos progressivamente no tempo! Se você se identificou, não se lastime: essa situação pode ser revertida com a elaboração de bons *planos de investimento*, através dos quais você, inclusive, compreenderá melhor como o Tesouro Direto pode ajudá-lo a se tornar um investidor multiplicador... e *conquistador*!

Dez passos para se planejar e conquistar tudo o que deseja

Como em qualquer dimensão da nossa existência, nossa vida financeira e material é permeada de sonhos e de grandes metas que pretendemos atingir de maneira concreta e segura. Formar-se, casar, comprar um carro, adquirir a casa própria, decorar sua residência, viajar ao exterior, trocar de carro, fazer uma pós-graduação, ter filhos, educá-los até a faculdade (ou pós-graduação), comprar outros imóveis, montar seu próprio negócio, garantir sua aposentadoria... Ufa! Qualquer sonho que a gente tenha nessa vida demanda uma reserva financeira expressiva e corre o risco de não se concretizar, a menos que haja planejamento financeiro adequado.

Se quiser que todos os seus principais sonhos de compra e consumo se tornem realidade concreta, o único jeito viável será *parcelar* cada umas das metas de acumulação por trás de cada sonho e fazer as mensalidades caberem no orçamento a cada mês. Alguns o fazem do jeito "fácil", por meio de uma *dívida*. Os financeiramente mais sábios, no entanto, preferem sempre traçar um *bom plano de investimentos*.

Traçando e executando um bom plano, o que lhe parecia impossível, inacessível, "caro demais", transforma-se em algo perfeitamente viável de ser conquistado por intermédio de "suaves" mensalidades. Bem, para ser sincero, *suave* não chega a ser o termo correto, visto que bancar as mensalidades de seus diversos planos de investimentos (um para cada sonho) requer considerável esforço poupador e investidor. Mas este será um sacrifício *muito menor* que arcar com as parcelas de uma dívida, pagando os enormes juros nelas embutidos: com bons investimentos, em vez de empobrecer pagando juros como nas dívidas, você enriquece porque *ganha* juros — e melhor: juros compostos, acumulados ao longo do tempo.

Quer abandonar a via das dívidas destruidoras do seu poder aquisitivo, adotando de vez a via dos investimentos dinâmicos para realizar seus sonhos e prosperar de forma sustentável e duradoura? Quer dar essa virada em seu poder aquisitivo de qualidade de vida plena?

Então veja aqui **O Plano Da Virada® | Traçar Planos de Investimentos** que lhe proponho a seguir:

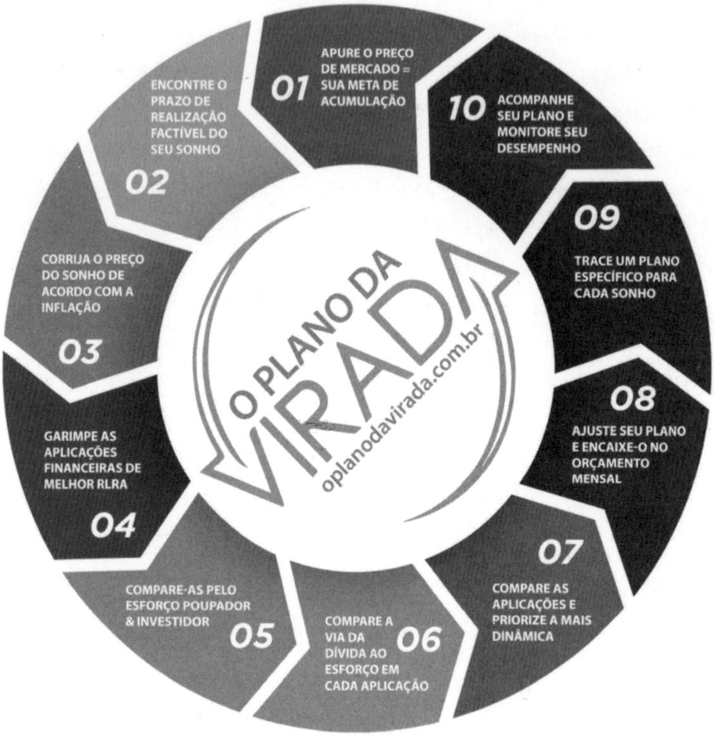

1. Apure o preço de mercado = sua meta de acumulação

Para traçar um bom plano de investimentos, seja qual for o sonho que estará na ponta desse plano, você deverá começar fincando os pés no chão, aterrissando seu sonho em números palpáveis. Inicie pelo desafio de atribuir um preço a seu sonho, procurando determinar o quanto precisará acumular para bancá-lo, ou seja, buscando definir sua *meta de acumulação*.

Isso que estou lhe sugerindo — começar precificando sua futura conquista — pode até lhe parecer óbvio, mas muita gente costuma apenas fazer uma estimativa por alto do valor do sonho, em vez de estabelecer um valor mais preciso. Veja: você desejará sempre comprar e pagar seu sonho à vista. Com o dinheiro pronto em mãos será mais fácil, por exemplo, encontrar o imóvel que deseja, pagando por ele o menor preço possível, aproveitando-se de um belo desconto na compra em *cash*. E, assim, não incorrerá sequer em um centavo de juros pagos, pois você se planejará para escapar de um novo financiamento imobiliário. Daí a pergunta óbvia é: quanto custa, realisticamente falando, seu sonho?

Quanto custa, por exemplo, o imóvel dos seus sonhos? No mercado há imóveis de todos os preços. Um apartamento de R$ 150 mil é uma coisa, mas para comprar um de R$ 300 mil o esforço terá de ser obviamente dobrado; para adquirir um imóvel de R$ 600 mil, então, será necessário poupar quatro vezes mais! O *esforço poupador e investidor mensal* que terá de ser feito para bater cada uma dessas metas de acumulação será, sem dúvida, proporcional à maior (ou menor) magnitude da reserva financeira que tem de ser acumulada para bancar cada sonho.

FAÇA JÁ UMA BOA PESQUISA DE MERCADO PARA DESCOBRIR O MENOR PREÇO REALISTA

Defina, precisamente, o valor de mercado atual desse imóvel que deseja, mesmo sabendo que não irá comprá-lo hoje. É isso mesmo: vá às imobiliárias — pelo menos a uma delas — e informe-se sobre os parâmetros atuais do mercado para o imóvel dos seus sonhos (felizmente o mercado está em equilíbrio: o preço do momento é bastante realista!). As pessoas, em geral, deixam para pesquisar o preço das coisas que cobiçam apenas na hora de comprar, o que é um claro erro de planejamento, pelo menos no caso de bens de maior valor. Sem pesquisar desde o início, lá na frente, o preço efetivo poderá pegá-lo de surpresa, traduzindo-se em uma quantia que você simplesmente não terá em mãos de uma hora para a outra: assim, ou você não realizará o sonho ou será forçado a fazê-lo contraindo uma nova dívida. Faça diferente, seja previdente: descubra com a máxima antecedência quanto custa de fato aquilo que cobiça, para poder definir corretamente sua meta de acumulação, programar-se com responsabilidade e correr atrás de juntar a grana certa. É possível, basta planejar-se!

Ainda com relação ao preço do seu sonho, considere também o seguinte: uma coisa é o *valor de tabela*, ou seja, aquele preço "teórico" que o sonho lhe custaria para ser realizado, a princípio. Outra coisa é o *valor efetivo de aquisição*, a soma que você terá de desembolsar, *de fato*, no ato da compra, depois de já deduzido um possível *desconto para quitação à vista*. Essa é uma das grandes vantagens financeiras de toda compra feita à vista, com o *dinheiro pronto*: o expressivo desconto que se consegue embolsar em uma negociação habilidosa, contando com a força do dinheiro vivo! Lembre-se: dinheiro *não pago* é igual a dinheiro *ganho*, e tem o mesmo potencial para fazer você prosperar nessa vida.

Procedendo, portanto, como lhe recomendo aqui, seu sonho estará corretamente precificado, pelo menos para o momento presente. Você não comprará nada *neste exato momento*, mas tudo bem: este terá sido o primeiro passo concreto para que possa, a partir daí, projetar o provável valor do bem no futuro, lá na época efetiva da sua aquisição. Com este valor em mente será possível planejar-se para acumulá-lo por meio de aplicações mensais dinâmicas, como os títulos públicos.

2. Encontre o prazo de realização factível do seu sonho

Quando se pensa em planejamento para o futuro, é necessário ser específico: *que futuro é esse?* Em sua vida financeira, muita gente boa acaba, infelizmente, não chegando lá porque jamais se propõe a refletir com responsabilidade sobre onde exatamente deve ficar o tal "lá"!

Este é o segundo passo na montagem de seu plano de investimentos: estimar um prazo realista para a materialização do seu sonho, ou seja, determinar corretamente o que eu tenho chamado até aqui de *prazo de realização*. Sem ele você ficará desnorteado na hora de escolher seus títulos públicos, diante da grande variedade de *prazos de maturação* com que esses papéis se apresentam no Tesouro Direto (de alguns poucos anos a quase quatro décadas!).

Vamos imaginar a aquisição de um imóvel de R$ 500 mil à vista. Digamos que você já tenha R$ 100 mil, ou 20% do valor total (quantia que lhe seria exigida como entrada em um financiamento imobiliário, por exemplo), e que lhe faltem, portanto, R$ 400 mil. Para quando você almejaria ter esse dinheiro pronto e, assim, poder realizar seu sonho? *"Ah, o quanto antes!"*, diria você, com um sorriso faceiro. Mas essa não pode ser a resposta, e por dois bons motivos:

- na prática, o famoso "para ontem" é um prazo indefinido;
- não podemos esquecer que *prazo* "briga" com *esforço*: quanto mais curto o prazo, maior se tornará o esforço poupador mensal necessário... o que pode acabar até inviabilizando o plano!

Ao diminuir demais o prazo — o que encarecerá as mensalidades —, você se privará da vantagem financeira do ganho acumulado dos juros sobre juros, que jogaria mais e mais "fermento" em seu "bolo" ao longo dos próximos meses e anos. Já um prazo mais longo é sinônimo de um esforço poupador e investidor mensal menor e mais tempo para trabalhar a RLRA (Rentabilidade Líquida Real Acumulada) a seu favor.

Pense, por exemplo, em um prazo de dez anos para conquistar esse imóvel. Dividindo os R$ 400 mil faltantes pelos 120 meses contidos em dez anos, encontramos o valor mensal de R$ 3.334. Temos aí uma primeira conta da quantia que deve ser economizada e poupada todos os meses, durante 120 meses, para juntar os R$ 400 mil da meta de acumulação. Esta *mensalidade* corresponde ao tamanho do esforço poupador mensal que você terá de empreender para atingir seu objetivo. E então, isso lhe parece ajustado... ou puxado demais?

Deixe-me esclarecer que essa conta ainda não leva em consideração dois importantes fatores que terão papel decisivo nessa história: de um lado, a *ameaça* da *inflação*; de outro, a *força* dos *juros compostos* acumulados por meio da RLRA obtida em uma aplicação financeira dinâmica, como os títulos públicos, para onde suas economias terão sido cuidadosamente destinadas mês após mês.

Sendo assim, antes que você feche essa questão em torno de um *prazo de realização* específico, vamos incluir esses dois elementos em nossas contas. A partir daí iremos observar como eles alteram a realidade financeira (e para melhor!) desse plano que estamos montando rumo à conquista da sua meta de acumulação para adquirir o tão cobiçado imóvel.

3. Corrija o preço do sonho de acordo com a inflação

Já tratamos, logo no primeiro capítulo deste livro, sobre a *inflação*, essa ameaça que joga sempre *contra* seus interesses de investidor dinâmico multiplicador: enquanto você se propõe a poupar certa quantia todos os meses, para construir progressivamente a meta de acumulação que levará à conquista do seu sonho, a inflação faz com que seu objeto de desejo vá subindo de valor... tornando-o cada vez mais distante e inatingível! Com inflação acumulada, o mesmo dinheiro que se juntou aos poucos, ao longo de todo o prazo de realização planejado, ao final dele, já não será mais suficiente para comprar o mesmo bem que se desejava lá no início.

Pois é... A inflação talvez seja a mais sórdida megera das finanças pessoais! Tudo bem, a vida é assim, a inflação é uma realidade. É melhor conhecer "a fera" e se planejar para combatê-la do que depois ser pego pelas costas e tomar um susto com o "novo" valor do bem almejado. (E você verá que há um "antídoto" bem eficaz contra ela, pode deixar.) Por isso, para montar um plano de investimentos sério, devemos corrigir o valor do sonho para o momento futuro de sua concretização.

Em nosso exemplo, se o imóvel custa *hoje* R$ 500 mil, qual será seu valor de mercado *corrigido* daqui a dez anos, computando o impacto encarecedor da inflação? Procedendo com os devidos cálculos de matemática financeira (pois se trata de percentuais compostos ao longo dos meses e anos), encontramos o valor de R$ 1,09 milhão projetado para daqui a uma década. Apesar de, em termos *nominais*, isso ser mais que o dobro, em termos *reais*, essa quantia equivalerá daqui a uma década ao poder de compra dos R$ 500 mil de hoje, uma vez que terá sido devidamente corrigida para suportar a inflação acumulada no período.

Observe que a taxa de inflação mensal projetada nestes cálculos foi de 0,65% ao mês, o que equivale a uma taxa de inflação anual projetada de pouco mais que 8% (exatos 8,09%). Essa é uma previsão mais do que razoável de se trabalhar para o longo prazo, inclusive já com uma boa margem de folga, bem acima da taxa aceitável entre 0,40% e 0,50% ao mês para cálculos de muitos anos.

PARA PROJETAR SUA META DE ACUMULAÇÃO, USE NOSSO SUPERPRÁTICO INVESTÔMETRO®

Agora você já poderá fazer seus primeiros cálculos utilizando uma das valiosas ferramentas de planejamento financeiro que integram minha Metodologia PROFE® Programa de Reeducação e Orientação Financeira e Empreendedora. Trata-se do **INVESTÔMETRO®**, nossa **Calculadora de Investimentos Mais Dinâmicos**. Por gentileza: faça o download aberto e gratuito dessa ferramenta acessando a área INVESTIR DIREITO do site **www.profesilvestre.com.br**.

O INVESTÔMETRO® foi desenhado tendo como base um arquivo de Microsoft Excel. Você por acaso não sabe mexer com o Excel? Pode ficar tranquilo, basta seguir as instruções aqui apresentadas para manipular a ferramenta. Para se beneficiar de suas funcionalidades, você não precisa saber lidar com o Excel, não; apenas será necessário ter esse programa (original de qualquer versão, pois emuladores e *freeware* podem não funcionar) instalado em seu computador, apenas para conseguir abrir e daí utilizar a calculadora.

Com o INVESTÔMETRO® já será possível planejar de maneira organizada os três primeiros passos de seu plano de investimentos para comprar um imóvel, por exemplo (ou qualquer outro bem que tenha em mente).

Esclareço que os campos vazios com fundo branco servem para inserir suas informações, e encontram-se devidamente desprotegidos, sem a necessidade de nenhuma senha (mesmo que o programa a peça na abertura do arquivo, ignore esse aviso). Já os campos com fundo na cor cinza-claro servem para mostrar os resultados das contas feitas pela calculadora e estão devidamente protegidos, para que você não os apague por engano.

Em suma: o INVESTÔMETRO® já vem prontinho para você poder usá-lo à vontade, sonhar muito e, acima de tudo, traçar bons planos para levá-lo à vitória! Note que essa mesma ferramenta pode ser utilizada para traçar o plano de investimentos de qualquer um dos sonhos que você tenha, de prazos mais curtos ou mais longos, de maior ou menor calibre financeiro. Por isso, logo o primeiro campo a ser preenchido é o que lhe pede para inserir o nome personalizado ou a breve descrição do seu sonho.

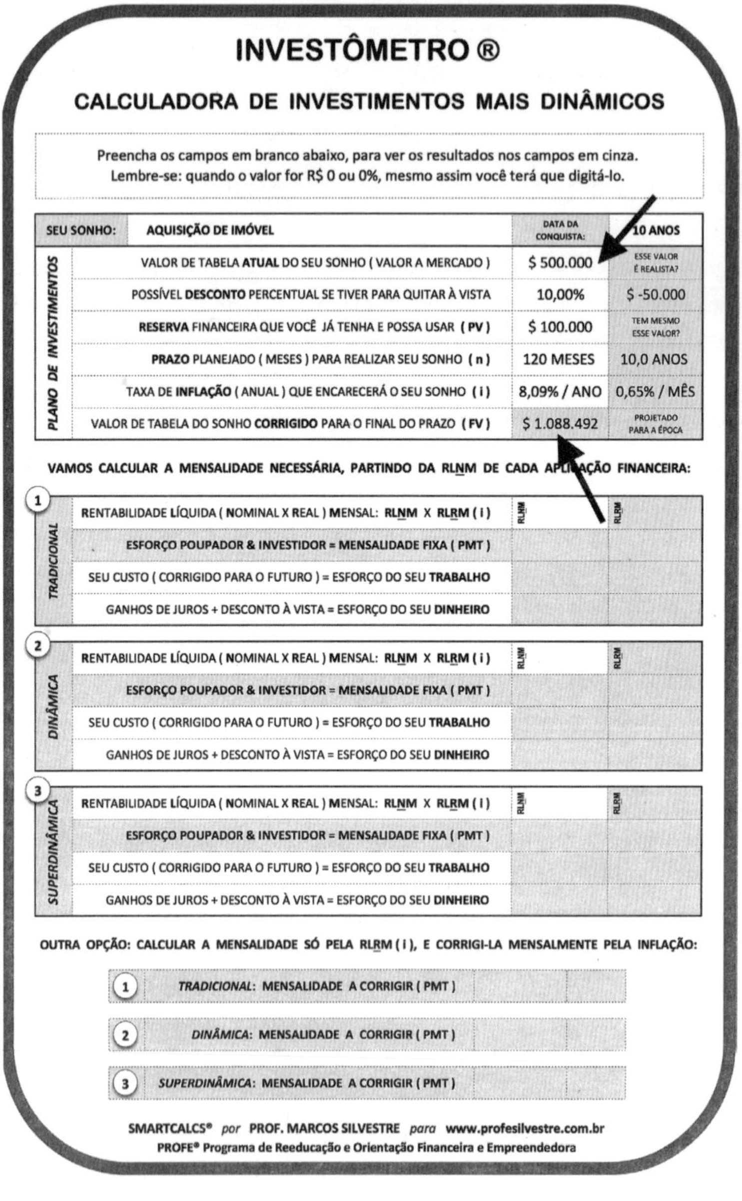

INVESTÔMETRO ®

CALCULADORA DE INVESTIMENTOS MAIS DINÂMICOS

Preencha os campos em branco abaixo, para ver os resultados nos campos em cinza.
Lembre-se: quando o valor for R$ 0 ou 0%, mesmo assim você terá que digitá-lo.

SEU SONHO:	AQUISIÇÃO DE IMÓVEL	DATA DA CONQUISTA:	10 ANOS
PLANO DE INVESTIMENTOS	VALOR DE TABELA **ATUAL** DO SEU SONHO (VALOR A MERCADO)	$ 500.000	ESSE VALOR É REALISTA?
	POSSÍVEL **DESCONTO** PERCENTUAL SE TIVER PARA QUITAR À VISTA	10,00%	$ -50.000
	RESERVA FINANCEIRA QUE VOCÊ JÁ TENHA E POSSA USAR **(PV)**	$ 100.000	TEM MESMO ESSE VALOR?
	PRAZO PLANEJADO (MESES) PARA REALIZAR SEU SONHO **(n)**	120 MESES	10,0 ANOS
	TAXA DE **INFLAÇÃO** (ANUAL) QUE ENCARECERÁ O SEU SONHO **(i)**	8,09% / ANO	0,65% / MÊS
	VALOR DE TABELA DO SONHO **CORRIGIDO** PARA O FINAL DO PRAZO **(FV)**	$ 1.088.492	PROJETADO PARA A ÉPOCA

VAMOS CALCULAR A MENSALIDADE NECESSÁRIA, PARTINDO DA RLNM DE CADA APLICAÇÃO FINANCEIRA:

1 TRADICIONAL	RENTABILIDADE LÍQUIDA (NOMINAL X REAL) MENSAL: **RLNM** X **RLRM (i)**	RLNM	RLRM
	ESFORÇO POUPADOR & INVESTIDOR = MENSALIDADE FIXA (PMT)		
	SEU CUSTO (CORRIGIDO PARA O FUTURO) = ESFORÇO DO SEU **TRABALHO**		
	GANHOS DE JUROS + DESCONTO À VISTA = ESFORÇO DO SEU **DINHEIRO**		
2 DINÂMICA	RENTABILIDADE LÍQUIDA (NOMINAL X REAL) MENSAL: **RLNM** X **RLRM (i)**	RLNM	RLRM
	ESFORÇO POUPADOR & INVESTIDOR = MENSALIDADE FIXA (PMT)		
	SEU CUSTO (CORRIGIDO PARA O FUTURO) = ESFORÇO DO SEU **TRABALHO**		
	GANHOS DE JUROS + DESCONTO À VISTA = ESFORÇO DO SEU **DINHEIRO**		
3 SUPERDINÂMICA	RENTABILIDADE LÍQUIDA (NOMINAL X REAL) MENSAL: **RLNM** X **RLRM (i)**	RLNM	RLRM
	ESFORÇO POUPADOR & INVESTIDOR = MENSALIDADE FIXA (PMT)		
	SEU CUSTO (CORRIGIDO PARA O FUTURO) = ESFORÇO DO SEU **TRABALHO**		
	GANHOS DE JUROS + DESCONTO À VISTA = ESFORÇO DO SEU **DINHEIRO**		

OUTRA OPÇÃO: CALCULAR A MENSALIDADE SÓ PELA RLRM (i), E CORRIGI-LA MENSALMENTE PELA INFLAÇÃO:

1	*TRADICIONAL*: MENSALIDADE A CORRIGIR (PMT)		
2	*DINÂMICA*: MENSALIDADE A CORRIGIR (PMT)		
3	*SUPERDINÂMICA*: MENSALIDADE A CORRIGIR (PMT)		

SMARTCALCS® *por* PROF. MARCOS SILVESTRE *para* www.profesilvestre.com.br
PROFE® Programa de Reeducação e Orientação Financeira e Empreendedora

Repare, então, que é preciso inserir as seguintes informações:

- **Nome** ou breve descrição do seu sonho;
- Valor de tabela **atual** do seu sonho (valor a mercado);
- Possível **desconto** percentual, se tiver, para quitar à vista;
- **Reserva** financeira que você já tenha e possa usar **(PV)**;
- **Prazo** planejado (meses) para realizar seu sonho **(n)**;
- Taxa de **inflação** (anual) que encarecerá seu sonho **(i)**;

Observação: as siglas entre parênteses (PV), (n), (i), (PMT) e (FV) que você vê no INVESTÔMETRO® correspondem a termos da matemática financeira e que foram incluídos para o devido reconhecimento por parte dos investidores já familiarizados com a terminologia específica da "matemática do dinheiro". Afinal, este INVESTÔMETRO® nada mais é que uma calculadora financeira customizada, elaborada especialmente para traçar seus planos de investimentos de forma prática e segura.

Inserindo essas informações nas células indicadas (com fundo branco), você obterá imediatamente na linha abaixo, na célula de resultado (com fundo cinza), o seguinte número calculado:

- Valor de tabela do sonho **corrigido** para o final do prazo **(FV)**.

Vemos que a calculadora nos apresenta o valor de tabela projetado para o final do prazo (FV) como sendo R$ 1.088.492. Esse montante equivale àquilo que o mercado provavelmente pedirá pelo imóvel daqui a dez anos, corrigindo-se o montante atual de R$ 500 mil para valores da época, pela inflação projetada. Isso, claro, se o imóvel encarecer na mesma proporção da inflação projetada, algo bastante razoável de se supor.

4. Garimpe as aplicações financeiras de melhor RLRA

Seu objetivo maior como aplicador dinâmico multiplicador nos títulos públicos é conquistar seu sonho evitando o caminho da dívida: é por isso que está se dedicando a estruturar um bom plano de investimentos direcionado ao Tesouro Direto. Por este plano, você deverá empreender um determinado esforço poupador e investidor todos os meses, ou seja, deverá "pagar uma mensalidade" ao TD.

O "truque" financeiro aqui é o seguinte: enquanto você trabalha e se esforça para depositar o valor planejado todos os meses (essa responsabilidade é sua, não vá falhar com ela!), seu dinheiro também irá contribuindo para alcançar sua meta de acumulação e realizar seu sonho. É para isso que investimos dinheiro de forma dinâmica: para tornar a concretização dos nossos maiores sonhos de compra e consumo menos *sofrida*, menos *demorada* e menos *arriscada*. Sabemos que os "ricos" sofrem menos e esperam menos para ter as coisas, e por isso você também precisa se valer dessa técnica enriquecedora para poder comprar algo de maior valor.

Investir pode não lhe parecer muito atraente, já que, em um primeiro momento, significa *poupar = não gastar*. Mas pense no investimento como sendo um gasto *apenas postergado* para um momento futuro: enquanto o bem almejado não vem, o dinheiro vai rendendo, vai se acumulando com a força da RLRA, vai produzindo mais e mais dinheiro, vai enriquecendo seu bolso para lhe dar mais rápido aquilo que você tanto cobiça, com menor sacrifício e com maior segurança! Enxergando dessa maneira, qualquer esforço poupador e investidor ficará bem mais estimulante, não?

BOAS OPÇÕES DE APLICAÇÕES DINÂMICAS NÃO LHE FALTARÃO PARA ESCOLHER NO TD!

As aplicações tradicionais para os pequenos e os médios investidores brasileiros, como já vimos, têm apresentado sérias restrições de rentabilidade. Para sua sorte, os títulos públicos têm características que os fazem excelentes opções de investimentos dinâmicos, especialmente rentáveis, porém ainda muito conservadores no quesito segurança e também muito líquidos, além de muitíssimo acessíveis.

Existem basicamente *três grandes grupos* de boas aplicações financeiras atingíveis, às quais qualquer pequeno investidor brasileiro pode ter acesso:

- **TRADICIONAIS:** caderneta de poupança e similares, como Fundos de Investimento Financeiro (FIFS) conservadores (FIFS dos tipos DI ou Renda Fixa), CDBS, LCAS e LCIS (de pequeno valor), ou ainda planos de previdência privada conservadores.
- **DINÂMICAS:** títulos da Dívida Pública Brasileira em condições normais de mercado ou também planos de previdência privada moderados. Bons fundos de ações e multimercados podem se encaixar aqui, desde que tenham valor mínimo de entrada e de movimentação baixos (o que é bem raro).
- **SUPERDINÂMICAS:** títulos da Dívida Pública Brasileira em condições "turbinadas" de mercado (ou seja, com juros básicos especialmente elevados, assim como observamos na maior parte dos últimos vinte anos) e ações de boas empresas brasileiras (compradas aos poucos, progressivamente, em uma estratégia mais construtora do que especulativa), ou ainda planos de previdência privada mais arrojados.

O que vai variar de uma destas aplicações para a outra é a RLRA (Rentabilidade Líquida Real Acumulada) que pode ser obtida em cada uma delas, e isso se dará conforme a *faixa de prazo mais indicada* para cada grupo de aplicações. A seguir, apresento números bem razoáveis de se esperar hoje, do curto ao longo prazo:

- **Tradicionais:** 0,65% ao mês → curto prazo (até 24 meses).
- **Dinâmicas:** 0,85% ao mês → médio prazo (dois a cinco anos).
- **Superdinâmicas:** 1,05% ao mês → longo prazo (mais de cinco anos).

Aqui, uma observação que o fará feliz: dentre todas as aplicações acessíveis para o pequeno investidor, somente os títulos públicos conseguem oferecer rentabilidade *superdinâmica*, pedindo, para tanto, apenas o prazo de uma típica aplicação *dinâmica*, ou seja, exigindo só o médio prazo (e não necessariamente o longo) como horizonte investidor. As demais modalidades de aplicações superdinâmicas estão todas atreladas, de uma forma ou de outra, ao mercado de ações, futuros e derivativos. Esse mercado — partindo do pressuposto de estratégias construtivas (não especulativas), que são bem mais seguras — pede o longo ou longuíssimo prazo para apresentar valorização verdadeiramente diferenciada (mas essa é uma outra discussão, que não cabe nesta obra).

Atente-se para o seguinte: olhando rapidamente, parece que a diferença de uma taxa para a outra é pequena: só 0,20 ponto percentual. Você vai "brigar" por causa de míseros 0,20%? Bem, já estudamos que, quando os juros sobre juros são colocados para trabalhar a seu favor de forma acumulada no tempo, uma pequena diferença de rentabilidade *mensal* pode acabar representando um tremendo acréscimo nos ganhos *acumulados* com o passar dos meses e anos. Da mesma maneira que você adiciona pequenas pitadas de fermento para fazer um bolo crescer, assim funciona o discreto diferencial de taxas de rentabilidade líquida entre as diferentes opções de aplicações financeiras acessíveis. Com a ajuda do INVESTÔMETRO®, daqui a pouco faremos a conta certa, conforme a RLRA, para cada tipo de aplicação escolhida.

5. Compare-as pelo esforço poupador & investidor

Neste livro, você aprendeu que: além de ter seu *prazo de realização* muito bem definido em seu plano de investimentos, justamente para poder casá-lo com o *prazo de maturação* da melhor aplicação (o título público mais indicado), também é necessário ter na ponta do lápis o valor da *mensalidade* certa que deverá aplicar. Isso porque a mensalidade determinará a *quantidade de ativos financeiros* (no caso, frações ou múltiplos dos títulos públicos escolhidos) que você poderá/deverá comprar todos os meses em sua luta de investidor dinâmico. Também já ficou claro o seguinte: as dimensões do *prazo de realização* e do *valor da mensalidade* de seus planos de investimento competem entre si: se uma sobe, a outra desce, e vice-versa. Por isso precisam ser bem calibradas.

Ao apurar as três mensalidades possíveis, conforme os três grupos de aplicações acessíveis ao pequeno investidor, talvez você venha a ter de refazer seus cálculos e esticar um pouco o prazo, se as mensalidades acabarem se revelando "salgadas" demais. Por outro lado, você poderá até mesmo encurtar o prazo (como naturalmente seria o desejável!), caso perceba que uma mensalidade um pouco maior caberá sem problemas em seu orçamento.

Assim, para apurar as mensalidades alternativas, nosso próximo passo será abastecer o INVESTÔMETRO® com as taxas de RLNM (Rentabilidade Líquida Nominal Mensal), ou seja, descontando-se *taxas* e *IR*, mas ainda sem descontar a *inflação* que consideramos viáveis para cada um dos três grupos de aplicações disponíveis (conforme lhe sugeri acima), inserindo-as nos campos adequados da calculadora (com fundo branco).

Veja como ficam as contas e preste particular atenção aos valores das três *mensalidades* possíveis, pois elas representam o tamanho do esforço poupador e investidor que você deverá desenvolver conforme cada tipo de aplicação selecionada: tradicional, dinâmica ou superdinâmica:

INVESTÔMETRO ®

CALCULADORA DE INVESTIMENTOS MAIS DINÂMICOS

Preencha os campos em branco abaixo, para ver os resultados nos campos em cinza.
Lembre-se: quando o valor for R$ 0 ou 0%, mesmo assim você terá que digitá-lo.

SEU SONHO:	AQUISIÇÃO DE IMÓVEL	DATA DA CONQUISTA:	10 ANOS
PLANO DE INVESTIMENTOS	VALOR DE TABELA **ATUAL** DO SEU SONHO (VALOR A MERCADO)	$ 500.000	ESSE VALOR É REALISTA?
	POSSÍVEL **DESCONTO** PERCENTUAL SE TIVER PARA QUITAR À VISTA	10,00%	$ -50.000
	RESERVA FINANCEIRA QUE VOCÊ JÁ TENHA E POSSA USAR **(PV)**	$ 100.000	TEM MESMO ESSE VALOR?
	PRAZO PLANEJADO (MESES) PARA REALIZAR SEU SONHO **(n)**	120 MESES	10,0 ANOS
	TAXA DE **INFLAÇÃO** (ANUAL) QUE ENCARECERÁ O SEU SONHO **(i)**	8,09% / ANO	0,65% / MÊS
	VALOR DE TABELA DO SONHO **CORRIGIDO** PARA O FINAL DO PRAZO **(FV)**	$ 1.088.492	PROJETADO PARA A ÉPOCA

VAMOS CALCULAR A MENSALIDADE NECESSÁRIA, PARTINDO DA RLNM DE CADA APLICAÇÃO FINANCEIRA:

1 *TRADICIONAL*			
	RENTABILIDADE LÍQUIDA (NOMINAL X REAL) MENSAL: **RLNM** X **RLRM (i)**	RLNM 0,65% NOM.	RLRM 0,00% REAL
	ESFORÇO POUPADOR & INVESTIDOR = MENSALIDADE FIXA (PMT)	**$ -4.212**	O QUE VOCÊ DEVE APLICAR
	SEU CUSTO (CORRIGIDO PARA O FUTURO) = ESFORÇO DO SEU **TRABALHO**	$ -979.942	90% DO TOTAL
	GANHOS DE JUROS + DESCONTO À VISTA = ESFORÇO DO SEU **DINHEIRO**	$ 108.550	10% DO TOTAL

2 *DINÂMICA*			
	RENTABILIDADE LÍQUIDA (NOMINAL X REAL) MENSAL: **RLNM** X **RLRM (i)**	RLNM 0,85% NOM.	RLRM 0,20% REAL
	ESFORÇO POUPADOR & INVESTIDOR = MENSALIDADE FIXA (PMT)	**$ -3.395**	O QUE VOCÊ DEVE APLICAR
	SEU CUSTO (CORRIGIDO PARA O FUTURO) = ESFORÇO DO SEU **TRABALHO**	$ -832.118	76% DO TOTAL
	GANHOS DE JUROS + DESCONTO À VISTA = ESFORÇO DO SEU **DINHEIRO**	$ 256.374	24% DO TOTAL

3 *SUPERDINÂMICA*			
	RENTABILIDADE LÍQUIDA (NOMINAL X REAL) MENSAL: **RLNM** X **RLRM (i)**	RLNM 1,05% NOM.	RLRM 0,40% REAL
	ESFORÇO POUPADOR & INVESTIDOR = MENSALIDADE FIXA (PMT)	**$ -2.641**	O QUE VOCÊ DEVE APLICAR
	SEU CUSTO (CORRIGIDO PARA O FUTURO) = ESFORÇO DO SEU **TRABALHO**	$ -695.638	64% DO TOTAL
	GANHOS DE JUROS + DESCONTO À VISTA = ESFORÇO DO SEU **DINHEIRO**	$ 392.854	36% DO TOTAL

OUTRA OPÇÃO: CALCULAR A MENSALIDADE SÓ PELA RLRM (i), E CORRIGI-LA MENSALMENTE PELA INFLAÇÃO:

1	*TRADICIONAL*: MENSALIDADE A CORRIGIR (PMT)	**$ -2.918**	**-31%**
2	*DINÂMICA*: MENSALIDADE A CORRIGIR (PMT)	**$ -2.383**	**-30%**
3	*SUPERDINÂMICA*: MENSALIDADE A CORRIGIR (PMT)	**$ -1.878**	**-29%**

SMARTCALCS® *por* **PROF. MARCOS SILVESTRE** *para* **www.profesilvestre.com.br**
PROFE® Programa de Reeducação e Orientação Financeira e Empreendedora

6. Compare a via da dívida ao esforço em cada aplicação

Agora é chegado o delicado momento das comparações entre os caminhos alternativos para atingir o mesmo objetivo: a concretização do seu sonho. Vai encarar a dívida de um financiamento imobiliário? Ou então... qual tipo de aplicação escolher? A primeira comparação deve sempre ser entre o caminho da dívida e os três caminhos alternativos das aplicações financeiras (tradicionais × dinâmicas × superdinâmicas). Observe no INVESTÔMETRO® o valor mensal de que você teria de dispor em cada situação:

- Pela via da **dívida** = R$ 5.739*
    - Na aplicação **tradicional** = R$ 4.212;
    - Na aplicação **dinâmica** = R$ 3.395;
    - Na aplicação **superdinâmica** = R$ 2.641.

Os números esclarecem bastante coisa sobre o que é uma *dívida*, o que é um *investimento* e o que é o *maior dinamismo* nos investimentos, não?

Aqui, vale lembrar: mesmo que tenha de pagar um aluguel de R$ 2,5 mil todo mês (= 0,50% do valor do imóvel) para morar provisoriamente em um imóvel alugado do mesmo padrão enquanto aplica e acumula a reserva financeira estratégica para adquirir sua casa própria mais à frente, ainda assim o caminho da aplicação superdinâmica com aluguel sairá mais barato do que escolher o caminho da dívida do financiamento imobiliário.

Nesse caso, seu *prazo de realização* é o *longo* prazo, o que lhe permite escolher uma aplicação com *prazo de maturação* também longo, portanto *superdinâmica*. Se optar, por exemplo, pela aplicação superdinâmica em títulos públicos de longo prazo + aluguel, seu esforço poupador e investidor mensal será de R$ 5.141 (= R$ 2.641 da aplicação +

* Prestação calculada imaginando um financiamento fora do Sistema Financeiro de Habitação (SFH), pela Tabela Price (TP), com Custo Efetivo Total (CET) de 1% ao mês ou 12,68% ao ano, mais correção periódica pela inflação do IPCA ou INPC.

R$ 2,5 mil do aluguel). Observe que isso irá gerar uma economia mensal com relação à dívida do financiamento imobiliário de R$ 598 (= R$ 5.739 da prestação do financiamento - R$ 5.141 de aplicação mensal + aluguel). Isso, em todos os 120 meses!

Em tempo: taxa condominial, contas de luz, água, gás etc. não entram no desempate entre esses dois caminhos (financiamento × títulos superdinâmicos), porque em ambos os casos esses elementos estarão igualmente presentes e pesarão da mesma maneira em seu bolso. E se você quiser mesmo acelerar sua conquista, cuide de morar em um imóvel de padrão mais modesto (de aluguel mais barato!). Essa atitude lhe dará fôlego financeiro em termos de capacidade de poupança mensal para reforçar suas aplicações frequentes e bater sua meta de acumulação o mais rápido possível; assim você conquistará no menor tempo o imóvel (ou outro bem) que será definitivamente seu, só seu e de mais ninguém!

Para finalizar este nosso raciocínio sobre o duelo entre *dívidas* e *investimentos*, considere que acabamos de observar a possível economia gerada em *um único* sonho de sua vida financeira: imagine o mesmo raciocínio aplicado a todos os outros grandes sonhos de compra e consumo! Quanto dinheiro desperdiçado pode haver em uma vida inteira pautada em dívidas ruins, em vez de bons investimentos! Quanto poder aquisitivo poderia ser liberado em favor da conquista da prosperidade sustentável e duradoura!

7. Compare as aplicações e priorize a mais dinâmica

Agora, as comparações devem se voltar para as *diferentes opções* de aplicações financeiras. Em todas elas, contará a vantagem de se juntar o dinheiro necessário para poder comprar à vista e com desconto. Mas, em cada opção, os ganhos obtidos com juros sobre juros acumulados no tempo (RLRA) serão diferentes, o que fará com que seja também diferente o esforço poupador e investidor (mensal e total) que você terá de empreender, conforme o teor de dinamismo da aplicação específica que escolher. Veja só o que nos mostra O INVESTÔMETRO®:

Na **aplicação tradicional** (como a caderneta de poupança):

- Esforço poupador e investidor = mensalidade **R$ 4.212**;
- Seu custo (corrigido para o futuro) = esforço do seu *trabalho* **R$ 980 mil** (90% da meta de acumulação);
- Ganho de juros + desconto à vista = esforço do *dinheiro* **R$ 108,5 mil** (10% da meta de acumulação);

- **Resultado do esforço total:** *você* = **90%** × *seu dinheiro* = **10%**.

Repare que, nesse caso da aplicação *tradicional*, todo o esforço do seu dinheiro (10% de ganho) terá vindo exclusivamente do possível desconto obtido (-10%) na compra à vista, já que o rendimento acumulado de juros terá sido zero, na prática, por causa da RLRM (Rentabilidade Líquida Real Mensal) = zero, o que, naturalmente, resulta numa RLRA = zero!

Na **aplicação dinâmica** (títulos públicos — mercado "normal"):

- Esforço poupador e investidor = mensalidade **R$ 3.395**;
- Seu custo (corrigido para o futuro) = esforço do seu *trabalho* **R$ 832 mil** (76% da meta de acumulação);
- Ganho de juros + desconto à vista = esforço do *dinheiro* **R$ 256,5 mil** (24% da meta de acumulação);

- **Resultado do esforço total:** *você* = **76%** × *seu dinheiro* = **24%**.

Já nesse outro caso, considerando a aplicação *dinâmica*, o esforço do seu dinheiro subirá para 24% (praticamente um quarto) do esforço total necessário — uma grande diferença! Isso só será possível por causa da RLRM de 0,20%, que parece pequena, mas no acumulado dos 120 meses resulta numa RLRA bastante diferenciada que, somada ao desconto à vista, garante ao aplicador dinâmico esses 24% de vantagem!

Na **aplicação superdinâmica** (TD — mercado "turbinado"):

- Esforço poupador e investidor = mensalidade
R$ 2.641;
- Seu custo (corrigido para o futuro) = esforço do seu *trabalho*
R$ 695,5 mil (64% da meta de acumulação);
- Ganho de juros + desconto à vista = esforço do *dinheiro*
R$ 393 mil (36% da meta de acumulação);

- **Resultado do esforço total:** *você* = **64%** × *seu dinheiro* = **36%**.

Nesse último caso, se o investidor multiplicador concentrar seus esforços mensais na aplicação *superdinâmica*, a parte esforço do seu dinheiro nesse plano será tremendamente elevada para 36% (mais de um terço!) do esforço total necessário, uma brutal diferença! Esse surpreendente desempenho do investimento superdinâmico somente será viável por causa da sua RLRM de 0,40%, que pode ainda parecer pequena "a olho nu". Porém, no acumulado dos 120 meses corresponde a uma RLRA bastante diferenciada, que, agregada ao desconto à vista, resulta nesses 36% de vantagem para o poder aquisitivo de sonhos do aplicador!

Atente-se para o fato de que, em todas essas simulações, tratamos de apurar mensalidades *fixas* — ou seja, valores para se começar e se terminar poupando e aplicando todos os meses sem reajuste, sem a necessidade de corrigir as quantias mensalmente pela inflação apurada. Optamos por esse caminho por sua simplicidade para o aplicador (valor fixo de ponta a ponta), e também pelo fato de que, com o tempo, a prestação irá ficando menos pesada. Isso ocorre porque ela sofrerá redução real com a ocorrência da inflação, além de ter sua participação no orçamento progressivamente reduzida, diante da provável ascensão na carreira e decorrente incremento nos ganhos do trabalhador.

Nesse primeiro caminho, só há um porém: a prestação deve começar, naturalmente, mais alta. Se você preferir, no entanto, o INVESTÔMETRO® também lhe apresenta outra via: o plano com parcelas corrigíveis. Nesse caso, a parcela inicial é cerca de 31% menor, porém o aplicador deverá ter o cuidado de corrigi-la cumulativamente todos os meses, pela inflação apurada a cada mês. No final das contas, ambos os caminhos devem levar à mesma meta de acumulação:

- **Aplicação tradicional:** esforço poupador e investidor = **R$ 2.918;**
- **Aplicação dinâmica:** esforço poupador e investidor = **R$ 2.383;**
- **Aplicação superdinâmica:** esforço poupador e investidor = **R$ 1.878.**

Mais uma vez, também por esse caminho, observamos a grande vantagem que o dinamismo oferece ao investidor multiplicador no sentido de reduzir o esforço mensal necessário para se conquistar uma mesma meta de acumulação em um mesmo prazo de realização (a "prestação a pagar" planejada na aplicação superdinâmica é 36% menor que na tradicional)!

Reflita sobre esses números e responda: vale ou não vale a pena perseguir uma rentabilidade líquida ligeiramente diferenciada no mês a mês, mesmo que ela pareça ser de "apenas" alguns décimos percentuais? Quando você prioriza o dinamismo em suas aplicações — e isso pode ser feito sem abrir mão de excelentes padrões de liquidez e segurança quando se investe em títulos públicos —, a "mágica" é que seu sonho será conquistado com muito menos esforço do seu trabalho. Isso porque crescerá naturalmente a parte do esforço que cabe ao seu dinheiro. Que tal?

Qualquer que seja a aplicação escolhida, o fato é que sua profissão e seu trabalho serão os mesmos, e seus ganhos idem. As entradas mensais de dinheiro em seu bolso através do esforço empatado em sua atividade profissional serão exatamente da mesma forma que tiverem de ser, em qualquer caso. No entanto, tomando a atitude de traçar bons planos de investimentos, e daí privilegiando as aplicações financeiras dinâmicas ou superdinâmicas do Tesouro Direto, seu poder aquisitivo será tremendamente ampliado! Poder prosperar dessa maneira não lhe parece bastante estimulante?

8. Ajuste seu plano e encaixe-o no orçamento mensal

Nada acontecerá se você, depois de traçar um bom plano de investimentos, não se esforçar para honrá-lo fielmente, mês após mês. Para conquistar o que deseja, é preciso que deposite as mensalidades previstas em seus planos religiosamente nas aplicações escolhidas, ou seja, é necessário que você disponha da grana mensal planejada para comprar as frações ou múltiplos dos títulos públicos escolhidos, ao longo de todo o prazo de realização de seu plano.

A capacidade de poupança mensal que seu plano lhe pede não aparecerá em suas mãos *por acaso*: você terá de planejar e administrar seus gastos com competência, mantendo-os enxutos, bem focados e sob controle. Além disso, deverá se livrar das dívidas imprudentes, pois elas corroem seu poder aquisitivo e não deixam espaço para economizar sem sacrificar demasiadamente seu padrão de vida.

Planejando e administrando melhor seus gastos e dívidas, você garantirá dois importantes benefícios para sua vida financeira, e de maneira bem equilibrada: de um lado, um bom padrão de qualidade de vida no presente; de outro, regularidade em suas economias mensais, assegurando assim suas aplicações e a realização de seus maiores sonhos de compra e consumo. Desse modo, você conquistará um bom padrão de qualidade de vida também no futuro. Isso sim é prosperidade *sustentável* e *duradoura*, o único tipo de prosperidade que assegura o mais alto nível para sua *qualidade de vida plena*. Em suma: vida boa, hoje e sempre!

Outro alerta importante: enquanto você não "bater o martelo" sobre um plano específico, e enquanto não começar efetivamente a aplicar as mensalidades projetadas nesse plano, nada acontecerá em sua trajetória de investidor multiplicador. Quanto antes você fechar suas simulações da meta de acumulação desejada, do prazo de realização desejável e possível, bem como da mensalidade que caberá mesmo em seu orçamento, quanto antes você encaixar esse esforço frequente no seu orçamento, tanto mais rápido poderá escolher a aplicação certa e começar a investir e ganhar mais dinheiro de forma dinâmica, valendo-se dos títulos do Tesouro Direto como instrumentos de prosperidade.

Repare que nosso INVESTÔMETRO® aceita inúmeras simulações de possibilidades. Ok, "brinque" à vontade, mas, depois de alguns exercícios livres, que indicarão os ajustes necessários ao planejamento, faça sua escolha firme pelo plano mais adequado... e mãos à obra!

9. Trace um plano específico para cada sonho

Quantos são os grandes sonhos de compra e consumo que você ainda deseja realizar nesta vida? Para cada meta de acumulação importante que ainda não tenha sido conquistada, recomendo traçar um plano de investimentos específico, individualizado.

Um grande equívoco de diversas pessoas bem-intencionadas rumo à prosperidade é fazer planos "por alto" em sua vida financeira. Esse já não será seu caso, mas cuidado: tão ruim quanto será juntar "diferentes dinheiros em um só saco". É preciso que suas metas de acumulação sejam calculadas separadamente, porque dizem respeito a sonhos distintos. Com o dinheiro acumulado para o sonho X não se realiza o sonho Y. Evite confundir-se: nas finanças pessoais, a *confusão* é inimiga da *realização*!

Se você pretende mesmo fazer um gasto de grande porte ou se deseja adquirir um bem que dependerá de uma quantia elevada, algo que ultrapasse 60% dos ganhos da família em um mês, eu recomendo que faça um plano de investimento específico para esse desejo ou sonho. No caso de uma compra dessa importância, mesmo que, por exemplo, fosse feita parceladamente em 12 vezes "sem juros", ainda assim, cada parcela já teria o peso de 5% ou mais no orçamento familiar, o que poderia ameaçar seu equilíbrio orçamentário, induzindo-os a dívidas emergenciais e muito onerosas.

Veja este exemplo: uma família cuja renda mensal livre é de R$ 5 mil pretende adquirir uma nova TV de R$ 3 mil, parcelando em 12 prestações de R$ 250 no cartão de crédito. Mesmo levando em conta o parcelamento "sem nenhum acréscimo" (na realidade, os juros estão lá embutidos, disfarçados nas parcelas), os R$ 250 mensais já serão equivalentes a 5% do orçamento mensal da família. Trata-se, portanto, de uma nova parcela bastante pesada, que, somada a todas as demais responsabilidades financeiras mensais da família, pode — sim — provocar desequilíbrio. Bem melhor seria fazer um bom plano de investimentos que implicasse em prestações mais suaves, por causa dos ganhos com juros acumulados e da grande vantagem financeira de poder logo à frente comprar à vista e com desconto.

Então, para cada sonho:

- uma meta de acumulação;
- um prazo de realização;
- uma mensalidade (que não pode se confundir com outras mensalidades);
- um título público (o que melhor se encaixar).

Trate cada sonho como mais uma "conta a pagar" todos os meses, com a enorme vantagem de que esse será um pagamento que você estará fazendo *a si mesmo*, diretamente para os seus sonhos, e não para o banco ou financeira!

10. Acompanhe seu plano e monitore seu desempenho

Uma dificuldade que pessoas *bem planejadas* frequentemente me confessam ter é a seguinte: tendo diversos planos de investimentos, um para cada sonho, como saber qual quantia acumulada em qual aplicação é de qual plano? Como manter os dinheiros e os controles separados? Enxergar isso é imprescindível para que o aplicador tenha uma noção de seu desempenho acumulador, ou seja, para que ele confira se o dinheiro que tem de ser acumulado está de fato sendo acumulado com o passar do tempo. Poder consultar "o cofrinho" de tempos em tempos, e notar que ele está sendo recheado de forma adequada, nos dá um agradável (e estimulante!) senso de realização, antes mesmo do término do prazo de realização. Ter esse controle *na ponta do lápis* é fundamental para extrair da leitura dessas informações um certo senso de realização *parcial*, já que a realização *total* só virá mesmo lá na ponta, quando a meta de acumulação for enfim atingida e o sonho que a aguarda puder ser efetivamente concretizado.

Vamos imaginar que você, seguindo minha orientação, tenha traçado um plano para cada sonho importante ainda não realizado. Digamos que você tem seis diferentes planos correndo em paralelo. Isso significa que, além de alguma aplicação inicial que possa ter feito com algum dinheiro de que já dispusesse na largada de algum de seus planos, ou de todos eles, você também planeja disponibilizar *seis mensalidades* — cuidadosamente poupadas com a finalidade de, a cada mês, realizar as compras dos títulos mais adequados para cada plano.

No começo é fácil ter essa visibilidade, mas com o passar dos meses e anos, essa contabilidade pode se tornar confusa. Vamos organizar isso aí. Não se esqueça de que, no tocante à *faixa de prazo indicada*, seus planos podem ser enquadrados em três horizontes: curtíssimo/curto, médio ou longo/longuíssimo prazos. Baseados nessa distinção é que faremos a contabilidade das aplicações já realizadas com o passar do tempo.

Contabilizando seus planos de *curtíssimo/curto* prazo

Para seus planos de curtíssimo/curto prazo, abra uma caderneta de poupança dedicada, exclusivamente, para receber depósitos desses planos. Digamos que eles sejam *dois* daquele total de seis planos:

- a *troca de seu atual carro* daqui a um ano e meio (18 meses);
- uma *grande viagem* a realizar-se daqui a, no máximo, dois anos (24 meses).

Desde o início do período de acumulação, as mensalidades desses dois planos devem ser destinadas a essa mesma caderneta: tanto aqueles R$ 1 mil mensais planejados para a troca do carro quanto os R$ 500 projetados como esforço mensal para a viagem, por exemplo.

Agora, pegue um caderno, ou abra uma simples planilha de cálculo no computador, e vá anotando cada mensalidade que aplicar para cada plano, tendo sempre a soma pronta de cada plano. Após 12 meses, por exemplo, para o plano da troca de carro você terá destinado R$ 12 mil (= R$ 1 mil × 12 mensalidades), e para a viagem terá direcionado R$ 6 mil (= R$ 500 × 12 mensalidades). Somados, esses valores aplicados perfazem R$ 18 mil.

Com uma simples regra de três, você descobre que os R$ 12 mil da troca de carro equivalem a 67% do total aplicado e os R$ 6 mil da viagem correspondem a 33% de tudo o que essa caderneta recebeu nesse um ano. Então, confira o saldo atualizado da poupança daqui a um ano e você verá que tem lá, claro, mais que os R$ 18 mil depositados no total: tem R$ 18.600! Para saber o quanto disso é de cada plano é muito fácil: 67%, ou R$ 12.460, são da troca do carro (e isso já está dando R$ 460 de ganho!), enquanto 33%, ou R$ 6.140, são da viagem (o que já lhe indica um ganho acumulado de R$ 140).

Contabilizando seus planos de *médio* prazo (2 a 5 anos)

Veja agora o raciocínio do controle da evolução dos seus planos de médio prazo, entre dois e cinco anos. Digamos que você esteja montando seu planejamento em meados de 2016. Vamos imaginar que sejam dois planos de médio prazo:

- poder *reformar a casa* daqui a três anos (em meados de 2019);
- conseguir juntar uma bela entrada para *comprar um segundo imóvel* financiado daqui a cinco anos (em meados de 2021).

Conforme os planos de investimentos que você calculou no INVESTÔMETRO®, a mensalidade necessária no plano da reforma ficou em R$ 1 mil (com meta de acumulação total de R$ 43 mil), e a mensalidade da entrada do segundo imóvel resultou em R$ 1.200 (com meta final de R$ 100 mil). Tanto uma mensalidade quanto a outra deverão ser direcionadas para títulos públicos com maturação a médio prazo, mas diferentes títulos:

- **Plano da reforma da casa** (*prazo de realização de três anos*): as mensalidades de R$ 1 mil deverão ser aplicadas no título Tesouro IPCA+ 2019 (com vencimento em 15/05/2019). Querendo saber a qualquer momento o quanto você já acumulou para esse sonho, basta puxar o extrato do TD pelo site de sua corretora: o que tiver acumulado lá nesse Tesouro IPCA+ 2019 será seu acumulado até o momento. Tire isso como porcentagem da meta de acumulação final e você terá em mãos o seu progresso como aplicador multiplicador. Digamos que sejam R$ 27 mil após 24 meses: então você terá após dois anos 63% da meta de acumulação total de R$ 43 mil.
- **Plano da compra do segundo imóvel** (*prazo de realização de cinco anos*): as mensalidades de R$ 1,2 mil terão de ser aplicadas no título Tesouro Selic 2021 (com vencimento em 01/03/2021). Precisando apurar a qualquer momento o quanto você já acumulou para esse sonho, basta puxar o extrato do TD pelo site de sua corretora: o saldo apresentado nesse Tesouro Selic 2021 será seu acumulado para esse sonho até o momento. Calcule isso como porcentagem da meta de acumulação total e você poderá avaliar sua evolução como investidor dinâmico. Digamos que sejam R$ 52 mil após 36 meses: então você terá 52% da meta de acumulação total de R$ 100 mil após três anos.

Se por acaso você tiver dois planos de médio prazo com prazos de realização muito próximos e, portanto, focados em um mesmo título público, adote o mesmo procedimento de partilha que lhe recomendei para a caderneta de poupança.

Lembre-se de que, nesse caso, seus títulos foram valorados a mercado no momento dessas contas de controle, e essa valoração pode não mostrar exatamente o que de fato acontecerá com eles até sua maturação; ou seja, ela pode não mostrar a rentabilidade exata que foi pactuada no momento da compra desses títulos. Tudo bem: você está ciente dessa realidade e só quer mesmo é ter uma noção *aproximada* de seu desempenho acumulador.

Contabilizando seus planos de *longo/longuíssimo* prazo

Aplicaremos aqui basicamente o mesmo raciocínio para controlar a evolução dos seus planos de longo e longuíssimo prazo, a partir de cinco anos. Digamos que você esteja montando seu planejamento em meados de 2016. Imaginemos que sejam dois planos de longo/longuíssimo prazo:

- *comprar um terreno* daqui a oito anos (em meados de 2024);
- juntar uma bela grana para seu *pé-de-meia para a aposentadoria* daqui a 19 anos (em meados de 2035).

De acordo com os planos de investimentos que você calculou no INVESTÔMETRO®, a mensalidade necessária no plano da compra do terreno foi apurada em R$ 1,6 mil (com meta de acumulação final de R$ 260 mil) e a mensalidade da aposentadoria ficou planejada em R$ 2,5 mil (com meta total de R$ 2,2 milhões). A primeira mensalidade deve ser destinada a um título de longo prazo, ao passo que a segunda irá para um título de longuíssimo prazo. Veja só:

- **Plano da compra do terreno** (*prazo de realização de oito anos*): as mensalidades de R$ 1,6 mil serão aplicadas no título Tesouro IPCA+ 2024 (com vencimento em 15/08/2024). Querendo saber a qualquer momento o quanto você já acumulou para esse sonho, basta puxar o extrato do TD, solicitando-o pelo site de sua corretora: o que estiver mostrando lá, relativo a esse Tesouro IPCA+ 2024, será seu acumulado até o momento nesse plano. Tire isso como porcentagem da meta de acumulação final e você terá em mãos o seu progresso como aplicador multiplicador nesse caso. Digamos que sejam R$ 100 mil após 48 meses: então você terá

38% da meta de acumulação total de R$ 260 mil nesses quatro anos de esforço poupador e investidor.

- **Plano da aposentadoria** (*prazo de realização de 19 anos*): as mensalidades de R$ 2,5 mil serão aplicadas no título Tesouro IPCA+ 2035 (com vencimento em 05/05/2035). Precisando apurar a qualquer tempo o quanto você já acumulou para esse sonho, basta puxar o extrato do TD pelo site de sua corretora (ou pelo site do TD): o saldo relativo a esse Tesouro IPCA+ 2035 será seu acumulado para esse sonho até o momento. Calcule isso como porcentagem da meta de acumulação final e você poderá avaliar a sua evolução como investidor dinâmico. Digamos que sejam R$ 500 mil após nove anos (108 meses): então você terá 23% da meta de acumulação total de R$ 2,2 milhões. Parece pouco, mas lembre que você estará no caminho certo, pois ainda terá a melhor metade do prazo de maturação pela frente — aquela na qual a RLRA se mostrará de forma mais acentuada!

Se por acaso tiver dois planos de longo ou longuíssimo prazo com prazos de realização muito próximos e, portanto, focados em um mesmo título público, adote o procedimento de partilha similar ao que lhe indiquei acima para o caso da poupança.

Mais uma vez, lembre-se de que, nesse caso, seus títulos também terão sido valorados a mercado no momento desses cálculos, e essa valoração pode não mostrar com precisão o que de fato se verificará com eles. Isso quer dizer que ela pode não apresentar a rentabilidade exata que foi pactuada no momento da compra desses títulos. Tudo bem: você está ciente disso e só deseja, na realidade, ter uma ideia *aproximada* de sua performance acumuladora.

SÍNTESE DO APRENDIZADO ATÉ ESTE PONTO DO LIVRO

Veja a seguir uma síntese do quanto você já aprendeu até aqui sobre como tornar-se um *investidor multiplicador* — ou seja, aquele aplicador que está determinado a batalhar por ganhos mais dinâmicos, ao mesmo tempo em que não se mostra disposto a abrir mão de um elevado nível de segurança, investindo em títulos públicos via Tesouro Direto!

CAPÍTULO 1

O que faz o dinheiro aplicado crescer e se multiplicar para valer, inclusive de forma bastante diferenciada nas aplicações dinâmicas (como os títulos públicos do Tesouro Direto), é somente a **Rentabilidade Líquida Real Acumulada (RLRA)**. Portanto, é indispensável para o aplicador multiplicador tomar os seguintes cuidados:

- avaliar o impacto do **IR cobrado** sobre as diferentes aplicações;
- conhecer direito as **taxas incidentes** em cada uma;
- calcular o desgaste da **inflação** no poder aquisitivo do dinheiro;
- valorizar o efeito multiplicador dos **juros acumulados** nos anos.

CAPÍTULO 2

As **aplicações financeiras conservadoras** são definidas por cinco importantes *qualidades*, e você encontrará uma excelente combinação de todas elas nos títulos públicos oferecidos através do Tesouro Direto:

- **Rentabilidade**: diferenciada e dinâmica;
- **Acessibilidade**: a maior do mercado (igual à da poupança);
- **Risco**: elevada segurança = conservadorismo;
- **Liquidez**: elevadíssima (diária);
- **Prazo de maturação**: do médio ao longuíssimo prazo.

Seu perfil psicológico de investidor isoladamente não define o aplicador que você é, muito menos o investidor dinâmico que deseja ser! Você deve, então, buscar **seu verdadeiro perfil de investidor multiplicador** conforme cada plano que tenha, para cada um de seus sonhos, respeitando sempre as suas *necessidades* e as suas *possibilidades* em cada caso (buscando o que é bom *para você*):

- **Possibilidades**:
  - **disponibilidade de acompanhamento**: naturalmente baixa...
  - **capacidade de poupança mensal**: qual é seu melhor número?

- **Necessidades**:
  - **prazo de realização**: quanto tempo para cada sonho?
  - **meta de acumulação**: quanto acumular em cada plano?

CAPÍTULO 3

Como você pretende conquistar seus principais sonhos de compra e consumo? Pode ser pagando pesados juros em pesadas (e arriscadas!) dívidas. Ou... poupando e aplicando em títulos públicos e ganhando juros sobre juros. Desse modo você baterá muito mais rápido (e com maior segurança!) sua meta de acumulação, e conseguirá realizar seu sonho comprando com desconto ao pagar à vista!

Para abandonar a via das dívidas destruidoras do seu poder aquisitivo e adotar de vez a dos investimentos dinâmicos — ou seja, para dar essa importante virada rumo à prosperidade sustentável e duradoura —, siga **O Plano Da Virada® | Traçar Planos de Investimentos**:

- Apure o preço de mercado = sua meta de acumulação;
- Encontre o prazo de realização factível do seu sonho;
- Corrija o preço do sonho de acordo com a inflação;
- Garimpe as aplicações financeiras de melhor RLRA;
- Compare-as pelo esforço poupador & investidor;
- Compare a via da dívida ao esforço em cada aplicação;
- Compare as aplicações e priorize a mais dinâmica;

- Ajuste seu plano e encaixe-o no orçamento mensal;
- Trace um plano específico para cada sonho;
- Acompanhe seu plano e monitore seu desempenho.

Planos em mãos, é hora de escolher os títulos públicos mais adequados a cada sonho

Agora você já tem uma boa noção de quais sonhos almeja e do quanto dispõe a aplicar em cada um deles, seja em termos de *reserva financeira que você já tenha e possa usar* para investir inicialmente em cada plano, seja quanto ao *esforço poupador & investidor* (mensalidade fixa) que pretende destinar a cada sonho. Nesse ponto já é possível garimpar a melhor aplicação (o melhor título público) em *cada prazo...* digo, em cada caso... o que, bem, dá na mesma, como veremos a seguir!

QUER GANHAR MAIS SEM ABRIR MÃO DA SEGURANÇA? O PRAZO É O SENHOR DA RAZÃO FINANCEIRA!

Faça o casamento ideal do prazo de realização de seu sonho com o prazo de maturação dos títulos públicos

Digamos que você já tenha delineado cada um dos planos de investimentos necessários para realizar seus desejos mais impactantes e para concretizar cada um daqueles sonhos mais importantes para sua qualidade de vida (carro, casa, filhos, imóveis, viagens, festas, aposentadoria e por aí vai...). São esses sonhos (são esses planos!) que lhe darão motivação contínua para poupar e aplicar determinadas quantias mês após mês, empreendendo um esforço poupador persistente e um empenho investidor disciplinado que o levarão à conquista de cada uma das metas traçadas.

Muito bem. Pelo perfil de cada sonho, você conseguiu identificar precisamente o *prazo de realização* que terá para bater a meta de acumulação em cada um deles. Só porque fez um planejamento cuidadoso é que você conhece, em cada caso, *exatamente* o prazo — mais curto ou mais longo — de que dispõe para investir em busca de ganhos diferenciados (mais dinâmicos) em suas aplicações, sem abrir mão da segurança e, inclusive, sem comprometer sua liquidez. Esta é a sua ambição, certo?!

Pois então essa será sua bússola daqui por diante: o **prazo**. Aqui, sim, temos uma lei empírica dos investimentos: há uma correlação direta entre *prazo de maturação* da aplicação e sua *rentabilidade líquida* *real acumulada*, RLRA. Aplicações seguras com prazo de maturação mais longo tendem a apresentar maior rentabilidade líquida real acumulada no tempo. Faço questão de mostrar como, na ponta do lápis.

Cinco faixas de prazos indicadas para suas aplicações financeiras

Nisso estamos em acordo: a chave para a seleção das aplicações financeiras mais dinâmicas para cada perfil de sonho está no seu *prazo*. Desse modo, com o objetivo de tornar sua garimpagem de aplicações financeiras (títulos do Tesouro) mais prática e objetiva, a seguir, apresento **cinco faixas de prazos indicadas** para o enquadramento correto das diferentes aplicações financeiras:

- **Curtíssimo prazo (CCP):** até 12 meses (um ano);
- **Curto prazo (CP):** de 13 a 24 meses (entre um e dois anos);
- **Médio prazo (MP):** de 25 a 60 meses (entre dois e cinco anos);
- **Longo prazo (LP):** de 61 a 120 meses (entre cinco e dez anos);
- **Longuíssimo prazo (LLP):** acima de 120 meses (mais de dez anos).

Dentro de cada faixa de prazo, seu desafio será fazer coincidir o *prazo de realização* de cada um de seus sonhos com o *prazo de maturação* de cada aplicação do mercado, buscando o casamento perfeito. Seu objetivo será sempre encontrar o casamento que lhe pague a maior *rentabilidade líquida real acumulada*, RLRA, sem abrir mão da *segurança* e da *liquidez*. O que vou lhe mostrar agora são os fatores presentes em cada faixa de prazo que podem **prejudicar ou ajudar sua Rentabilidade**:

- **Líquida:** atenção ao IR e taxas a deduzir do ganho bruto;
- **Real:** cuidado com a inflação, que terá de ser compensada;

- **Acumulada:** atenção especial aos juros sobre juros ganhos cumulativamente ao longo de todo o prazo de cada aplicação, pois eles é que multiplicam seu capital para valer, permitindo-lhe concretizar seus sonhos!

Para o *curtíssimo* prazo (até 12 meses), vá mesmo com a boa e "velha" caderneta

A caderneta de poupança é a única aplicação do mercado financeiro brasileiro que está incondicionalmente isenta de imposto de renda e sobre a qual não se cobra nenhum tipo de taxa, de nenhuma natureza. Quando ouvimos dizer que ela paga 0,65% ao mês, isso é rentabilidade *líquida* e ponto! (Sim, há também nessa categoria as LCAS e LCIS, mas elas simplesmente não estão disponíveis, com ganhos atraentes, para o pequeno investidor.)

Pena que, em virtude da metodologia de cálculo dos rendimentos da caderneta (0,50% ao mês + TR), ela acabe apresentando uma rentabilidade mensal achatada e pouco elástica. Mesmo com os juros básicos em elevação, a caderneta acaba flutuando entre 0,60% e 0,70% ao mês, talvez um tiquinho a mais que isso, mas não muito mais. Isso deixa essa tradicional aplicação exposta à grave ameaça da alta acelerada de preços: a inflação em elevação tende a corroer grande parte (senão a integralidade!) da rentabilidade nominal dessa aplicação, colocando sua rentabilidade *real* próxima de zero. Nesse caso, a velha dama do mercado financeiro, com seu mais de um século de "experiência no mercado", serviria apenas para *proteger* suas economias da inflação, mas não para *multiplicá-la*, ou seja, para ganhar dinheiro novo.

Apesar de apresentar rentabilidade minguada, nessa faixa de prazo a poupança acaba sendo a aplicação segura que paga melhor ao pequeno aplicador, oferecendo uma liquidez imediata que é muito conveniente para quem vai precisar do dinheiro a curtíssimo prazo, no máximo em 12 meses. Afinal, para o investidor que preza pela segurança, nesse horizonte de tempo, o objetivo de *proteger* deve se sobrepor ao desejo de *ganhar*. E, de qualquer forma, a caderneta ainda nos permite acumular pequenas boladas para pagar algumas coisas de forma planejada, à vista e com desconto, como é o caso do IPVA, do IPTU, da anuidade escolar antecipada dos filhos... enfim, essas necessidades da nossa vida financeira que têm prazo de realização muito curto.

O curtíssimo prazo até traz opções dinâmicas, mas que pouco agregam ao seu dinheiro

Talvez alguma outra aplicação segura até possa lhe pagar, no curtíssimo prazo, um pouquinho a mais por mês que a poupança. Mas a diferença na rentabilidade mensal será muito pequena, por causa da maior tributação do imposto de renda existente a curtíssimo prazo. Com exceção da poupança, os ganhos obtidos em todas as demais aplicações conservadoras acessíveis ao pequeno investidor (FIFS DI e Renda Fixa, CDBS, títulos públicos e até planos de previdência conservadores) devem ser tributados pelo imposto de renda.

A tabela do imposto de renda para aplicações conservadoras de renda fixa segue a seguinte (e interessante) métrica, que apresenta alíquotas decrescentes à medida que o prazo de aplicação é esticado:

- **22,5%** de IR sobre os ganhos brutos (*não* sobre o total investido!) para aplicações no prazo de até **6 meses**;
- **20%** para aplicações feitas **entre 6 meses e um ano**;
- **17,5%** para aplicações realizadas **entre um e dois anos**;
- **15%** para aplicações com prazo **acima de dois anos**.

Quanto menor o prazo, maior a carga tributária, menor a rentabilidade líquida. Sendo assim, vamos imaginar que um título da Dívida Pública Brasileira lhe pague pelo menos 1% ao mês de rentabilidade bruta nominal mensal, RBNM. Tirando daí a taxa anual de 0,30% do Tesouro Direto e subtraindo ainda os 22,5% devidos de IR (aplicação até seis meses), esse 1% se transforma em 0,75% ao mês. Tal rentabilidade líquida nominal mensal, RLNM, de 0,75% representa 0,10% a mais por mês do que a caderneta rendendo 0,65%. Sabemos que não se trata de um diferencial desprezível para o médio e longo prazos, quando os juros sobre juros têm oportunidade de se acumular e mostrar sua força potencializadora. No entanto, no curto prazo isso representa uma diferença concreta muito pequena. Digamos que seja um diferencial sem relevância financeira prática, que não deveria por si só levar você ao Tesouro Direto.

Veja as contas: se aplicar R$ 500 todos os meses na caderneta a 0,65% ao mês, por exemplo, ao final de seis meses você terá R$ 3.049,18. Essa estratégia de aplicação conservadora resultará, portanto, em R$ 49,18 de ganho nominal. Se, no entanto, a mesma quantia mensal for direcionada para títulos do Tesouro, com RLNM de 0,75% ao mês, o investidor terá acumulado, ao final de seis meses, R$ 3.056,82, o que significa um ganho acumulado de R$ 56,82.

A diferença do TD para a caderneta, nesse prazo tão curto, será de R$ 7,64. Na prática: desprezível. Por isso mesmo, o Tesouro Direto não costuma oferecer para compra títulos públicos com prazo de vencimento tão acelerado (inferior a 12 meses). Em meados de 2016, por exemplo, o título com maturação natural mais rápida era o Tesouro Prefixado 2019 (LTN 010119), a Letra do Tesouro Nacional com vencimento para 1º de janeiro de 2019 (portanto, cerca de dois anos e meio a contar da data da compra). Assim, no curtíssimo prazo, minha recomendação não poderia ser outra: vá para o "arroz com feijão", ainda que sem muito entusiasmo — opte pela caderneta de poupança.

Agora... se essa minha orientação em favor de uma aplicação tão desgastada não o empolgou muito, está na hora de pensar em alongar os prazos de seus planos de investimentos para poder se beneficiar da rentabilidade verdadeiramente diferenciada de aplicações mais dinâmicas!

Rumando para o *curto prazo* (um a dois anos): o Tesouro Direto já se revela melhorzinho

Você já percebeu que o investidor dinâmico, para existir *na prática*, tem de se planejar para poder *dar tempo ao tempo*. Do contrário, ele não terá acesso ao ganho diferencial das aplicações mais dinâmicas. Sejamos realistas: simplesmente não existe aplicação acessível ao pequeno investidor que combine dinamismo com segurança no curtíssimo prazo. Investimentos especulativos podem até lhe trazer grandes retornos em prazo muito curto, mas aí o perfil de aplicador é outro e o risco envolvido é completamente outro! Para o investidor multiplicador, a coisa passa a melhorar à medida que ele estica seu horizonte de aplicação para além dos primeiros 12 meses.

Pense, por exemplo, em um plano de investimento com prazo de realização de 24 meses e uma mensalidade de, digamos, R$ 500. Aplicados na poupança, com rendimento de 0,65% ao mês, esses R$ 500 mensais resultarão em R$ 12.941,26 no final desses dois anos. Sabemos que o plano terá lhe custado R$ 12 mil (= R$ 500 mensais × 24 meses). A partir disso, concluímos que a rentabilidade acumulada terá sido de R$ 941,26 ou quase 8% sobre o capital total empatado.

Se sua capacidade de poupança mensal for redirecionada para um título do Tesouro Direto, a rentabilidade líquida poderá ser de 0,80% ao mês na média desse prazo de dois anos, porque o IR cairá com o passar do tempo. Isso resultará em uma meta acumulada de R$ 13.171,58 ao final dos 24 meses, com ganho de R$ 1.171,58 ou quase 10% no período. Essa estratégia de aplicação mais dinâmica já dá R$ 230,32 a mais que a poupança (um quarto a mais!), com a mesma segurança e com liquidez compatível. Conclusão: rumando do curtíssimo para o curto prazo, a diferença entre uma aplicação convencional e uma mais dinâmica começa a se revelar, embora o impacto diferencial ainda seja um tanto comedido.

Em tempo: quanto à questão da comparação da rentabilidade *real* em uma opção e em outra, lembro que, em qualquer faixa de prazo e para qualquer aplicação, a inflação projetada será sempre a mesma, aqueles prováveis 0,65% ao mês. Dessa maneira, a inflação não chega a ser fator de desempate entre diferentes aplicações alternativas, embora continue sendo importante na análise dos ganhos reais obtidos com cada uma. Curiosamente, nesse caso os R$ 941,26 ganhos na poupança teriam servido apenas para repor a inflação. Já a aplicação no título do Tesouro Direto teria rendido alguma coisa de RLRA: R$ 203,32!

No *médio prazo* (25 a 60 meses = dois a cinco anos) — aqui já não há dúvida: vá de Tesouro Direto

Chegamos agora à primeira faixa de prazo que dará asas ao potencial multiplicador das aplicações mais dinâmicas em títulos negociados através do Tesouro Direto. Digamos que um desses títulos da Dívida Pública Brasileira, como o Tesouro Prefixado 2019 (LTN, Letra do Tesouro Nacional), esteja pagando a rentabilidade bruta nominal anual de 15,40%, totalmente prefixada, ou seja, determinada no momento da compra do título.

Convertendo sua taxa *anual* de rentabilidade bruta nominal para uma taxa *mensal* (com cálculos de matemática financeira), chegamos a 1,20% ao mês. No entanto, essa rentabilidade ainda é *bruta*: para transformá-la em rentabilidade *líquida* e assim podermos compará-la com o ganho (sempre líquido) da poupança, temos de descontar duas taxas deduzidas de qualquer aplicação no Tesouro Direto, que somam pelo menos 0,30% sobre o valor aplicado:

- **Taxa de custódia da BM&FBOVESPA:** 0,30% sobre o valor aplicado, devido à nossa bolsa de valores, que organiza e administra também esse mercado de investimentos no Brasil;
- **Taxa da corretora (agente de custódia):** de 0% a 2%, devidos à corretora de valores mobiliários por meio da qual você escolheu comprar seus títulos no Tesouro Direto. (Eu lhe darei mais detalhes à frente sobre como escolher a melhor corretora e a de melhor relação custo-benefício.)

Para chegarmos à rentabilidade líquida, temos também de subtrair 15% de IR sobre a rentabilidade bruta da aplicação (com horizonte acima de dois anos). Então, procedendo com as devidas subtrações de taxas devidas e IR a pagar, observamos que esse Tesouro Prefixado 2019 pagaria a seu investidor 12,80% ao ano (1% ao mês) de rentabilidade *líquida*.

De fato, 1% ao mês não parece muita coisa a mais que os 0,65% ao mês da poupança, mas já sabemos que não é bem assim que o seu dinheiro vê a coisa — porque o que conta, além da rentabilidade *líquida*, é a rentabilidade *real*. Descontada a inflação mensal de 0,65%, esses títulos do TD ficariam ainda com 0,35% de rentabilidade líquida real mensal, enquanto a caderneta lhe ofereceria 0% de RLRM.

Gostou desse surpreendente diferencial mensal? No entanto, você verá que é no acumulado dos anos que essa rentabilidade diferenciada revelará plenamente seu potencial multiplicador e enriquecedor. Vamos então à RLRA!

Títulos do Tesouro Direto dão surra na caderneta na rentabilidade acumulada a médio prazo (RLRA)

Para sonhos com *prazo de realização* planejado como *médio prazo* (entre dois e cinco anos), dê sempre preferência aos títulos do Tesouro Direto que também tenham *prazo de maturação* basicamente a *médio prazo*.

Aquela capacidade de poupança mensal de R$ 500, quando concentrada durante 48 meses na poupança, com rentabilidade mensal de 0,65%, resultaria em R$ 28.059,70 acumulados após quatro anos. O ganho seria de R$ 4.059,70 ou cerca de 17% sobre o capital aplicado.

No Tesouro Direto, considerando 1% de RLNM, apuramos que a meta financeira atingida com o mesmo esforço poupador e em idêntico prazo seria de R$ 30.611,30 no total; portanto, R$ 6.611,30 de juros ganhos sobre juros, o que dá quase 28% acumulados no período.

Notou a diferença com a poupança? De R$ 4.059,70 de rentabilidade acumulada da caderneta para R$ 6.611,30 do Tesouro Direto ou 63% a mais em idêntico período, com idêntica segurança e liquidez compatível!

Agora, me diga: não vale a pena selecionar um título do Tesouro Direto com *prazo de maturação* aproximada nessa faixa (de dois a cinco anos), desde que você tenha um *prazo de realização* para seu investimento que esteja situado nessa mesma banda de tempo, conforme havia identificado em seus *planos de investimentos*? Se hoje você conseguisse um aumento de 63% em seu salário, sem implicar nenhum sacrifício pessoal, por acaso recusaria? Portanto, adote o mesmo raciocínio para suas aplicações financeiras, porque o dinheiro que irá abastecê-las não deixa de ser dinheiro do salário, e, assim, merece o mesmo respeito!

No *longo prazo* (acima de 60 meses = cinco anos): Tesouro Direto é simplesmente imbatível!

Títulos públicos são aplicações acessíveis, seguras, bastante líquidas e com rentabilidade claramente diferenciada em qualquer faixa de prazo de dois anos para cima. Mas é no longo e no longuíssimo prazos que eles revelam a força de sua RLRA diferenciada!

Já apuramos que a rentabilidade líquida real mensal dos títulos da Dívida Pública Federal pode ser de até 0,40% (pelo menos no atual contexto de juros básicos no país). Agora, imagine um aplicador que tenha se planejado para reservar uma capacidade de poupança mensal de R$ 1 mil para investimentos no TD durante dez anos, ou 120 meses — para o sonho de trocar seu imóvel, por exemplo, ou realizar uma grande reforma em sua atual moradia.

Na poupança, com 0% de rentabilidade líquida real mensal, este investidor acumulará R$ 120 mil (corrigidos para valores da época), com ganho real (RLRA) de R$ 0 sobre o esforço poupador e aplicador de seus R$ 120 mil (= 120 mensalidades × R$ 1 mil). Bem... é o que se pode esperar da caderneta...

Redirecionando os R$ 1 mil mensais para títulos públicos do Tesouro Direto, com 0,40% de rentabilidade real projetada ao mês, o aplicador chegará a possíveis R$ 154 mil, tendo um ganho real acumulado de R$ 34 mil ou 28% de RLRA. Trata-se de dinheiro vivíssimo a mais no bolso... e um belo reforço para sua troca ou reforma de imóvel!

Por sua vez, planos voltados para o *longuíssimo prazo* — horizontes para lá de dez anos — apenas reforçam o apelo diferencial das contas que acabamos de fazer. Os mesmos R$ 1 mil na poupança por trinta anos resultariam em R$ 360 mil, com ganho real (RLRA) de R$ 0 sobre o esforço poupador e aplicador de seus R$ 360 mil (= 360 mensalidades × R$ 1 mil).

Nos títulos do TD, esse mesmo esforço poupador e investidor poderia resultar em algo próximo de R$ 802 mil em valores de hoje, mas então devidamente corrigidos para valores da época. Os ganhos reais acumulados (RLRA) seriam de R$ 442 mil, o que dá nada menos que 123% sobre o capital aplicado! Veja, isto não é apenas um "chute", é pura matemática financeira baseada em probabilidades de mercado, mostrando, claramente, a força dos juros reais acumulados de maneira composta ao longo do tempo nas aplicações mais dinâmicas do TD!

SÍNTESE DO APRENDIZADO ATÉ ESTE PONTO DO LIVRO

Veja a seguir uma síntese do quanto você já aprendeu até aqui sobre como tornar-se um *investidor multiplicador* — ou seja, aquele aplicador que está determinado a batalhar por ganhos mais dinâmicos, ao mesmo tempo em que não se mostra disposto a abrir mão de um elevado nível de segurança, investindo em títulos públicos via Tesouro Direto!

CAPÍTULO 1

O que faz o dinheiro aplicado crescer e se multiplicar para valer, inclusive de forma bastante diferenciada nas aplicações dinâmicas (como os títulos públicos do Tesouro Direto), é somente a **Rentabilidade Líquida Real Acumulada (RLRA)**. Portanto, é indispensável para o aplicador multiplicador tomar os seguintes cuidados:

- avaliar o impacto do **IR cobrado** sobre as diferentes aplicações;
- conhecer direito as **taxas incidentes** em cada uma;
- calcular o desgaste da **inflação** no poder aquisitivo do dinheiro;
- valorizar o efeito multiplicador dos **juros acumulados** nos anos.

CAPÍTULO 2

As **aplicações financeiras conservadoras** são definidas por cinco importantes *qualidades*, e você encontrará uma excelente combinação de todas elas nos títulos públicos oferecidos através do Tesouro Direto:

- **Rentabilidade**: diferenciada e dinâmica;
- **Acessibilidade**: a maior do mercado (igual à da poupança);
- **Risco**: elevada segurança = conservadorismo;
- **Liquidez**: elevadíssima (diária);
- **Prazo de maturação**: do médio ao longuíssimo prazo.

Seu perfil psicológico de investidor isoladamente não define o aplicador que você é, muito menos o investidor dinâmico que deseja ser! Você deve, então, buscar **seu verdadeiro perfil de investidor multiplicador** conforme cada plano que tenha, para cada um de seus sonhos, respeitando sempre as suas *necessidades* e as suas *possibilidades* em cada caso (buscando o que é bom *para você*):

- **Possibilidades**:
  - **disponibilidade de acompanhamento**: naturalmente baixa...
  - **capacidade de poupança mensal**: qual é seu melhor número?

- **Necessidades**:
  - **prazo de realização**: quanto tempo para cada sonho?
  - **meta de acumulação**: quanto acumular em cada plano?

CAPÍTULO 3

Como você pretende conquistar seus principais sonhos de compra e consumo? Pode ser pagando pesados juros em pesadas (e arriscadas!) dívidas. Ou... poupando e aplicando em títulos públicos e ganhando juros sobre juros. Desse modo você baterá muito mais rápido (e com maior segurança!) sua meta de acumulação, e conseguirá realizar seu sonho comprando com desconto ao pagar à vista!

Para abandonar a via das dívidas destruidoras do seu poder aquisitivo e adotar de vez a dos investimentos dinâmicos — ou seja, para dar essa importante virada rumo à prosperidade sustentável e duradoura —, siga **O Plano Da Virada® | Traçar Planos de Investimentos:**

- Apure o preço de mercado = sua meta de acumulação;
- Encontre o prazo de realização factível do seu sonho;
- Corrija o preço do sonho de acordo com a inflação;
- Garimpe as aplicações financeiras de melhor RLRA;
- Compare-as pelo esforço poupador & investidor;
- Compare a via da dívida ao esforço em cada aplicação;

- Compare as aplicações e priorize a mais dinâmica;
- Ajuste seu plano e encaixe-o no orçamento mensal;
- Trace um plano específico para cada sonho;
- Acompanhe seu plano e monitore seu desempenho.

CAPÍTULO 4

O **prazo** é o senhor da razão financeira para quem quer ganhar mais com segurança. O **prazo de realização** traçado para cada sonho lhe indicará a melhor aplicação, conforme o **prazo de maturação** de cada uma delas. Existem **cinco faixas de prazos indicadas** para o enquadramento das diferentes aplicações financeiras conservadoras em nosso país, e encontramos, no Tesouro Direto, diferentes opções de títulos públicos para atender satisfatoriamente a planos em cada uma dessas faixas (e mais marcadamente a partir do médio prazo):

- **Curtíssimo prazo (CCP)**: até 12 meses (um ano);
- **Curto prazo (CP)**: de 13 a 24 meses (entre um e dois anos);
- **Médio prazo (MP)**: de 25 a 60 meses (entre dois e cinco anos);
- **Longo prazo (LP)**: de 61 a 120 meses (entre cinco e dez anos);
- **Longuíssimo prazo (LLP)**: acima de 120 meses (mais de dez anos).

Agora que você já sabe tudo sobre aplicações, é hora de abrir conta em uma corretora de valores

Até aqui, todo o caminho do planejamento necessário para realizar seus investimentos de forma mais dinâmica no Tesouro Direto já foi delineado, e os melhores títulos já poderão ser escolhidos (assim que você os conhecer um pouco mais "na intimidade", logo à frente) conforme o melhor casamento possível de prazos de maturação com realização de cada sonho.

Agora... se você não vê a hora de colocar tudo isso em prática e começar a ganhar mais, sua próxima providência concreta para investir em títulos da Dívida Pública Brasileira por intermédio do Tesouro Direto deve ser a abertura de uma conta em uma corretora de valores. Pela legislação brasileira que regulamenta o mercado financeiro, ter uma conta em uma Corretora de Valores e Títulos Mobiliários é pré-requisito para aplicar de forma legal. Então, não deixe para amanhã, porque dá para **fazer já**!

Se quiser, você poderá abrir uma conta numa corretora on-line agorinha mesmo, aí do seu computador, no conforto e na segurança da sua casa ou do seu escritório. Conforme lhe mostrarei a seguir, isso não leva mais que meia hora e não custa absolutamente nada — nem para abrir sua conta, nem tampouco para mantê-la aberta. Você não será obrigado a fazer nenhum depósito inicial de nenhuma quantia nesse momento. Enfim, esse passo da sua história como investidor multiplicador não lhe pede nada além de... **iniciativa**!

ABRINDO SUA CONTA EM UMA BOA CORRETORA DE VALORES ON-LINE

Escolha criteriosamente seu mais importante aliado para fazer aplicações no Tesouro Direto

Abrir sua conta em uma corretora de valores on-line, uma exigência da Comissão de Valores Mobiliários (CVM, órgão que regula o mercado mobiliário no país), é um processo sem nenhum segredo, embora requeira um mínimo de tempo e energia. Quero lembrar-lhe que os procedimentos de abertura deverão ser realizados uma única vez, só na largada, e com duas grandes vantagens: poderão ser feitos totalmente pelo computador, sem sair *de casa* nem mesmo para ir ao correio postar documentos, e não envolverão *nenhum desembolso financeiro* de sua parte (= custo financeiro zero!).

Qual a "melhor" corretora de valores para seus investimentos dinâmicos?

Para poder escrever este guia de aplicações pela web, tive de fazer a seleção da "melhor" corretora para lhe indicar. Por razões práticas, eu não podia escolher mais de uma, pois teria de lhe mostrar como proceder, tela a tela, no site de uma única corretora. Essa é uma escolha difícil, porque há no Brasil algumas excelentes corretoras de valores e várias delas oferecem serviços de ótima qualidade com custos muito acessíveis. Assim, tive de adotar alguns critérios técnicos práticos para usar como filtros em minha avaliação da melhor corretora:

- Uma corretora com foco no atendimento do varejo do mercado financeiro, ou seja, voltada para o amplo público dos pequenos investidores;
- Um site com interface amigável, estável, fácil de navegar e de tomar as providências necessárias para suas aplicações. E rápido!;
- Taxa competitiva para se operar no Tesouro Direto;
- Agilidade no atendimento on-line e por meio do 0800;
- Iniciativas em educação financeira variadas e de qualidade;
- Tradição no mercado, dinamismo e inovação no setor.

Entre as várias corretoras de valores com as quais pude interagir nos últimos anos — todas elas de grande profissionalismo e competência —, no momento de escrever este livro acabei optando por uma em específico, na crença de ter feito uma seleção competente e bem-intencionada, salvo melhor juízo.

Aqui vale um alerta: a indicação que farei a seguir não deve ser adotada sem que você mesmo conheça a corretora indicada e interaja com ela, para que possa fazer sua escolha com base em suas próprias percepções e convicções. Afinal, o dinheiro é seu; você é o maior interessado; o que parece muito bom em minha particular avaliação como *coach* financeiro experiente pode até não ser o que mais lhe agrade, apesar de todo o meu conhecimento e de toda a minha boa vontade em lhe apresentar o que há de melhor.

Rico Corretora de Títulos e Valores Mobiliários S.A. www.rico.com.vc

A maior corretora atuante no Tesouro Direto no início de 2016 (quando este livro estava sendo finalizado) era justamente a Rico CTVM S.A., ou **Rico** (como simplesmente a chamarei daqui por diante). A Rico é uma dinâmica corretora independente que, com uma das mais expressivas carteiras de clientes do país, atende a mais de 150 mil investidores com mais de R$ 5 bilhões de ativos custodiados.

A Rico propõe uma taxa bastante competitiva para transações de títulos públicos via Tesouro Direto: apenas 0,10% do valor da compra. Trata-se de uma "beliscada" (feita somente a cada compra) que não chega a doer e acaba sendo mais do que compensada pelos bons serviços prestados pela corretora ao aplicador.

O site da Rico é bem organizado, rápido, muito simples de usar, rico (sem trocadilhos) em informações e análises. Ele também oferece opções variadas de investimentos dinâmicos, afora os próprios títulos públicos. Nas poucas vezes em que, como cliente, precisei utilizar o atendimento on-line, por e-mail ou telefônico, fui tratado com cordialidade, e minhas dúvidas foram esclarecidas a contento.

Se você já é cliente de outra corretora, está acostumado a se relacionar com ela e encontra-se satisfeito com sua experiência de investidor com essa instituição, não há por que interromper o relacionamento sedimentado. Ainda assim, lembro que a abertura (e manutenção) de sua conta é gratuita e talvez valha a pena experimentar uma segunda opção, até para ter parâmetros de comparação entre ambas.

Para lhe oferecer um passo a passo de suas aplicações on-line no Tesouro Direto neste livro, as *instruções* que apresentarei aqui estão relacionadas ao site de uma única corretora, a Rico. No entanto, os *conceitos* e as *estratégias* sobre aplicações no Tesouro Direto que exploro nesta obra são igualmente válidos para investimentos feitos por intermédio de qualquer corretora devidamente cadastrada na BM&FBOVESPA e integrada com o Tesouro Nacional.

Abrindo sua conta na corretora: siga este passo a passo seguro

Abra seu navegador de internet e busque **www.rico.com.vc** (a terminação desta url é *.com.vc*, e não *.com.br*). Veja a homepage do site (imagens de mar/2016, de uma conta que abri e movimentei para a minha própria pessoa, com o objetivo de ilustrar este livro):

Veja algumas importantes credenciais dessa corretora de valores logo abaixo da imagem principal da capa do site:

- 145 mil investidores já são clientes da Rico;
- Corretora líder no *ranking* de compra do Tesouro Direto;
- 5 bilhões de reais em ativos custodiados.

Para avançar, clique em ABRA SUA CONTA GRÁTIS!, botão do canto superior direito da tela (há um botão idêntico no canto inferior esquerdo, que levará você à mesma próxima tela):

Digite seu *nome*, seu *sobrenome*, seu *e-mail* (cuidado para digitar sem erros) e clique em COMEÇAR:

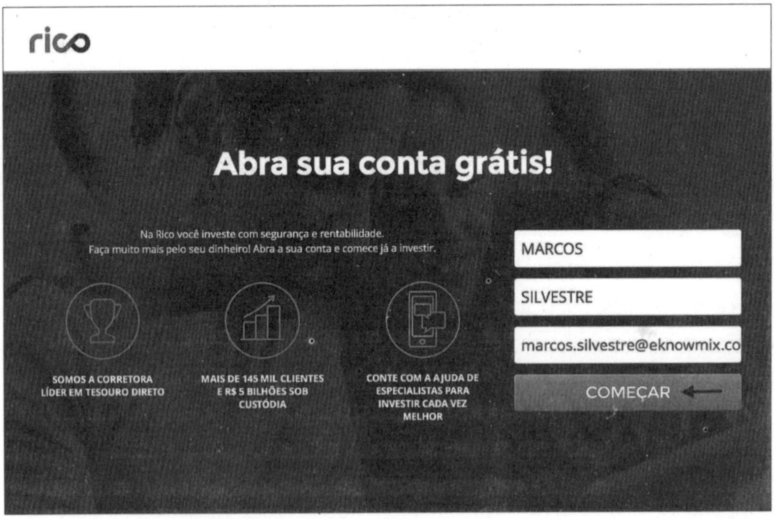

Imaginando que você nunca tenha iniciado um cadastro na Rico, não há como RECUPERAR CADASTRO a partir de seu CPF. Veja, portanto, que logo abaixo do botão CONFIRMAR encontramos os dizeres *Iniciar*

novo cadastro: é o seu caso, como era o meu. Caso não seja, digite seu CPF e clique em CONFIRMAR:

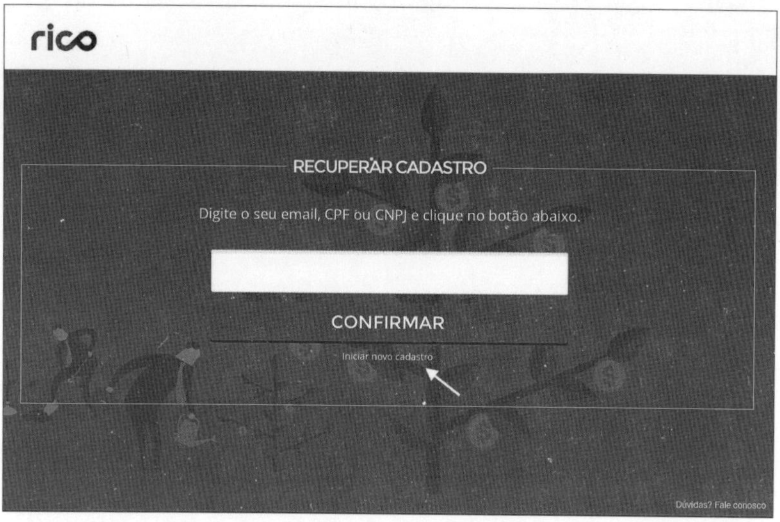

Insira novamente seu *nome completo* e seu *e-mail*, depois clique em COMEÇAR:

Agora você começará a preencher uma pequena bateria de informações pessoais: não são tantas assim, e todas elas lhe serão solicitadas por qualquer corretora em que você decida abrir uma conta, porque se trata de exigência legal da CVM (Comissão de Valores Mobiliários):

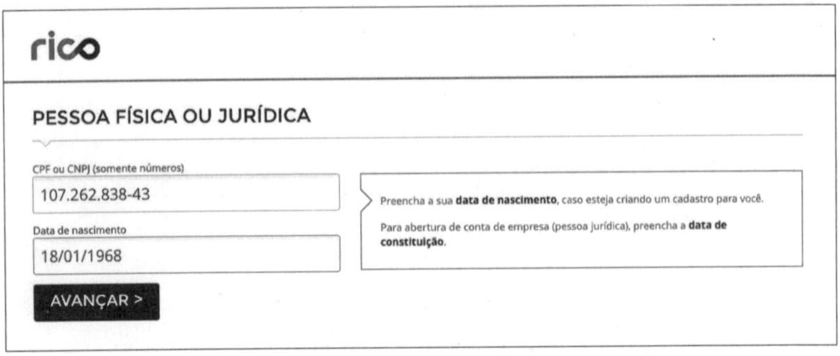
rico

PESSOA FÍSICA OU JURÍDICA

CPF ou CNPJ (somente números)
107.262.838-43

Data de nascimento
18/01/1968

AVANÇAR >

Preencha a sua **data de nascimento**, caso esteja criando um cadastro para você.

Para abertura de conta de empresa (pessoa jurídica), preencha a **data de constituição**.

Terminada a seção de fornecimento de dados pessoais, é hora de definir seu *login* e *senha*. Escolha algo não muito complexo (nem tão fácil que quase qualquer um possa adivinhar!) e, no mesmo momento, anote essas informações em um lugar seguro, de fácil recuperação para você:

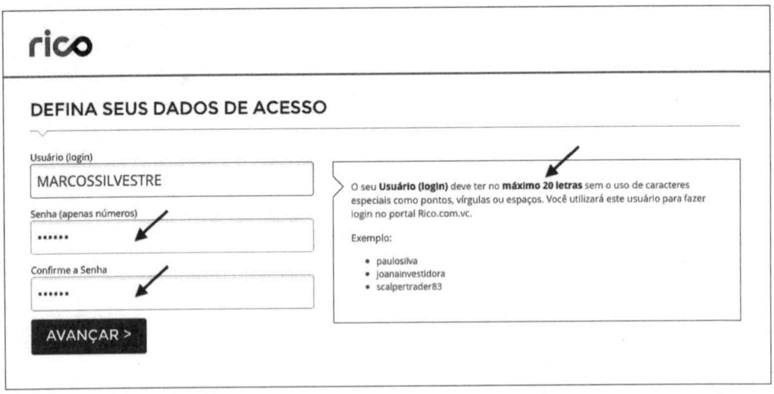
rico

DEFINA SEUS DADOS DE ACESSO

Usuário (login)
MARCOSSILVESTRE

Senha (apenas números)
••••••

Confirme a Senha
••••••

AVANÇAR >

O seu **Usuário (login)** deve ter no **máximo 20 letras** sem o uso de caracteres especiais como pontos, vírgulas ou espaços. Você utilizará este usuário para fazer login no portal Rico.com.vc.

Exemplo:

- paulosilva
- joanainvestidora
- scalpertrader83

Conte como chegou à Rico corretora: no meu caso, foi através do maior portal de Finanças Pessoais e Empreendedorismo do país na atualidade, o www.dinheirama.com.br (recomendo a visita!):

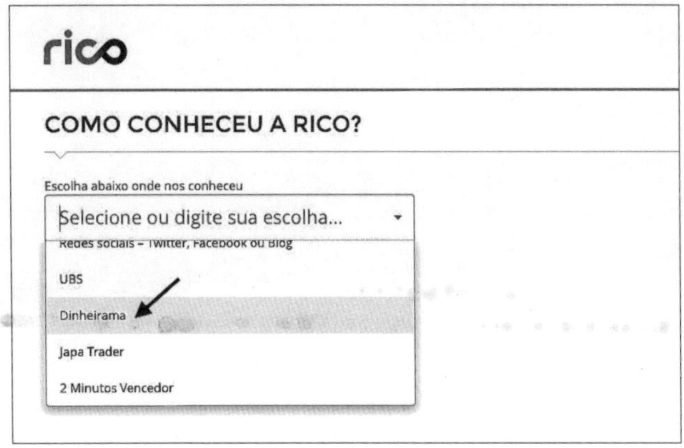

Agora é hora de ler o contrato de serviços da corretora (uma formalidade necessária), e aceitar seus termos para poder AVANÇAR. Veja, logo abaixo, que você será convidado a responder um *Questionário de Segurança* que contém quatro perguntas bastante fáceis, relativas aos dados que você terá fornecido há pouco no preenchimento do cadastro. Para cada pergunta, você terá apenas 45 segundos de tempo de resposta, um tempo mais que suficiente, porque se o "você" for você mesmo, trata-se de informações que deve ter na ponta da língua.

Não reclame desse procedimento aparentemente inusitado, pois ele lhe trará uma grande vantagem prática. Se você não errar nas respostas (e por que erraria, se os dados são seus?), os birôs de checagem de informações (sobretudo contratados pela corretora) confirmarão que você é você mesmo, e que transmitiu dados corretos a respeito de si. Portanto, afastada a hipótese de informações fraudulentas, você estará então dispensado de apresentar cópias físicas (ou mesmo digitais) dos *documentos pessoais* mencionados no cadastro. Eu, particularmente, achei isso um serviço muito interessante que a corretora presta a seus clientes, no sentido de facilitar o processo de abertura da conta!

Veja, a seguir, uma das quatro perguntas do *Questionário de Segurança* da Rico, indagando o estado em que seu CPF foi emitido: bastante simples, não?!

Terminado o *Questionário de Segurança*, clique em AVANÇAR, depois FINALIZAR, e aguarde a validação de suas informações. Tudo correndo bem (como deve acontecer), sua conta na corretora já estará aberta e pronta para operar:

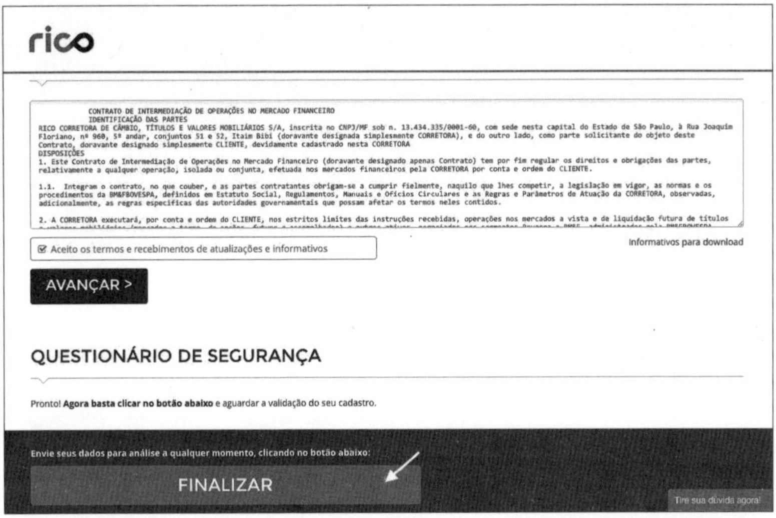

Poucos minutos depois de abrir minha conta, recebi um e-mail de confirmação do *setor de atendimento* da corretora, relembrando meu *login* e número da minha conta na Rico:

O e-mail de confirmação de abertura da conta que me foi enviado poucos minutos após eu desenvolver os procedimentos indicados no site da corretora já trazia (de forma prática e proativa) os dados da minha conta na Rico, para que eu pudesse providenciar em meu banco a TED (Transferência Eletrônica Direta) do *valor inicial de aplicação* (a transferência deve sempre ser gerada da conta corrente cadastrada na abertura, um cuidado para evitar fraudes e lavagem de dinheiro):

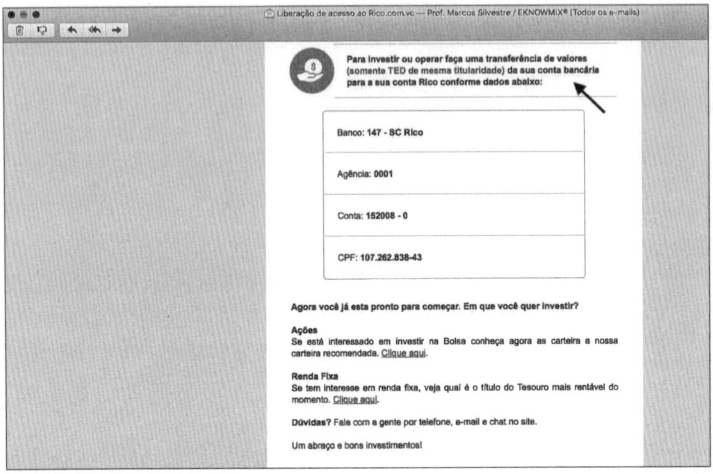

Ao receber essa confirmação de conta aberta, você pode testar se tudo deu mesmo certo: entre na página inicial da **www.rico.com.vc**, digite seu *login* e *senha*:

E você será redirecionado a uma tela na qual terá de redigitar sua *senha* a partir de um pequeno teclado virtual (com o propósito de conferência de informações). Clique no botão LOGIN:

Antes de iniciar suas aplicações, como primeira providência que lhe é proposta ao acessar pela primeira vez o site da Rico (logo após a abertura de sua conta), você deverá cadastrar sua *assinatura eletrônica*.

Embora se chame "assinatura" (para distinguir do termo "senha"), trata-se, na realidade, de um código numérico escolhido por você mesmo, que, no entanto, é diferente de seu *login* e de sua *senha de acesso* ao site. Sua assinatura eletrônica será indispensável para autorizar qualquer operação de compra ou venda de títulos públicos (ou ações e quaisquer demais ativos financeiros) no site da corretora. Esse código é totalmente sigiloso e deve ficar sob sua exclusiva guarda, de forma bastante protegida. Com seu *login* e *senha* qualquer pessoa até consegue acessar sua conta na corretora, mas não poderá fazer movimentações sem ter acesso a sua *assinatura eletrônica*!

Sendo assim, digite o código escolhido como assinatura eletrônica, e clique no botão ALTERAR:

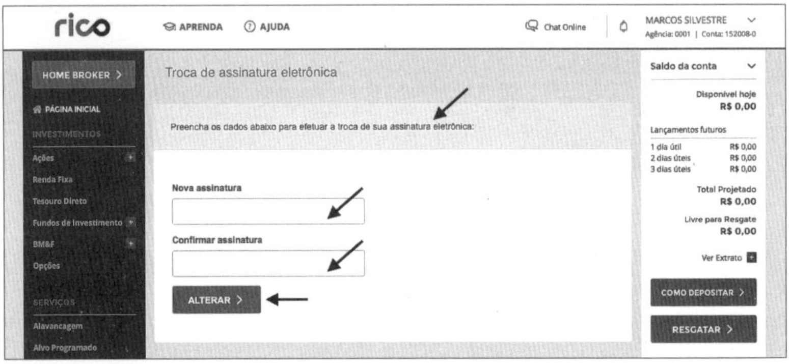

Antes de poder fazer suas operações de compra de títulos do TD, quando realizar seu primeiro acesso a sua nova conta na Rico e logo após cadastrar sua *assinatura eletrônica*, você será automaticamente direcionado a preencher um formulário de *Perfil de Investidor*.

Esse preenchimento, apesar de representar mais uma etapa no processo de abertura de sua conta, é até bem rápido e não pode ser descartado, por exigência legal da CVM (Comissão de Valores Mobiliários). Responda às perguntas na sequência em que forem aparecendo, da forma mais honesta possível, mas não se preocupe demais com qual deveria ser a resposta *exata* (você não precisa aqui da ajuda do seu contador!). Tais respostas não afetarão suas aplicações na prática. O mais importante é realizar o preenchimento de todas as questões o quanto antes, com as melhores respostas que lembrar, e chegar logo à tela de conclusão do formulário. (Não se preocupe demais: você já teve neste livro uma explanação bastante completa sobre como identificar seu *verdadeiro perfil de investidor multiplicador*.)

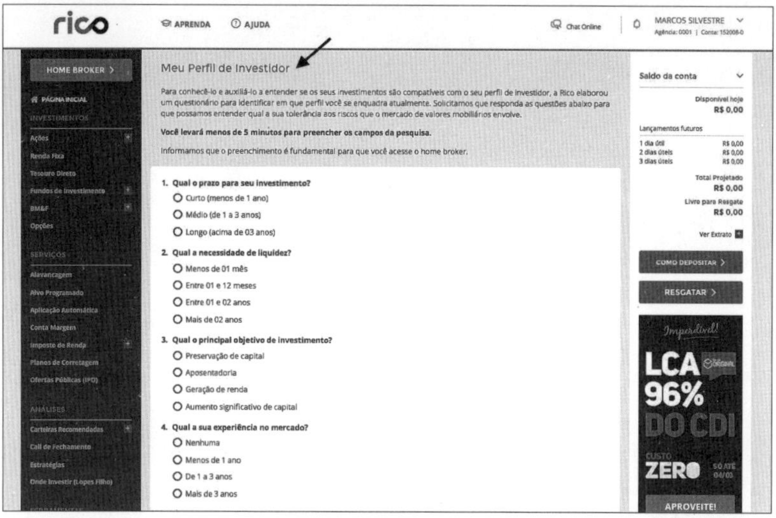

Terminou o questionário de *Perfil do Investidor*? Pronto: seja bem-vindo à área de clientes Rico! Há um tutorial com meia dúzia de passos simples, que não leva mais de cinco minutos para percorrer, e eu recomendo:

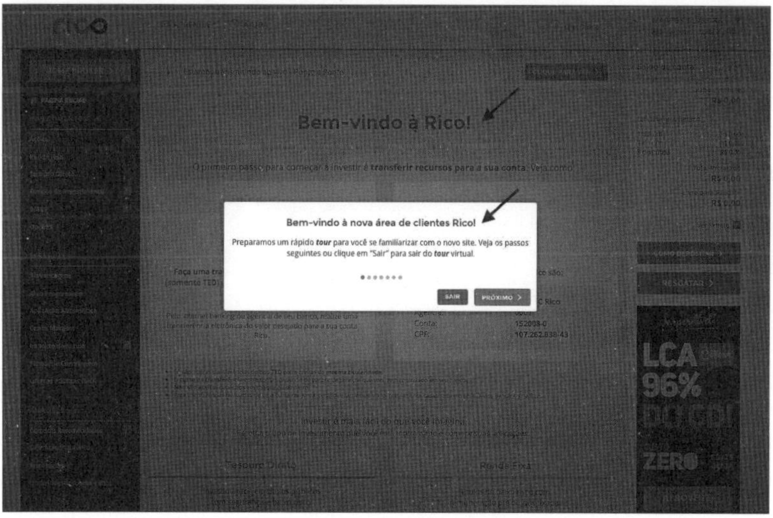

Veja, no canto superior direito da tela, que o Saldo da conta está (naturalmente) zerado. Repare no centro da tela os dados da sua (na imagem, da minha) conta na Rico, para que você possa providenciar, em seu banco (da conta corrente cadastrada na abertura), a TED (Transferência Eletrônica Direta) do *valor inicial de aplicação*:

No meu caso, abri a conta numa quinta-feira, finalzinho de tarde (não levou nem meia hora), e depois, na sexta, não deu tempo de transferir o dinheiro (coisa que faria somente na semana seguinte). Na própria sexta-feira recebi um gentil *e-mail* de boas-vindas do *setor de atendimento da corretora*, com vários links diretos para o site, conforme minhas preferências de aplicações:

MARCOS, sua conta já está ativa! Veja como começar! — Prof. Marcos Silvestre / EKNOWMIX® (Todos os e-mails)

Caroline Guedes da Rico <captacaorico@rico.com.vc>
Para: MARCOS SILVESTRE <marcos.silvestre@eknowmix.com.br>
Responder A: captacaorico@rico.com.vc
MARCOS, sua conta já está ativa! Veja como começar!

rico

Olá, MARCOS

Tudo bem?

Acompanhei a sua abertura de conta e vi que já está ativa. Para te ajudar a começar, fiz uma seleção abaixo para facilitar o seu acesso aos investimentos de acordo com o seu interesse.

Tesouro Direto - Confira todos os títulos disponíveis e quais são as recomendações dos nossos especialistas. Clique aqui

Renda Fixa - Clique aqui para visualizar a nossa seleção de renda fixa de diferentes bancos, taxas de rentabilidade e prazos.

Ações e Contratos Futuros - Acesse o Home Broker e aproveite para conhecer as salas ao vivo com nosso especialistas à disposição durante o pregão.

Fundo de Investimentos - Acesse aqui a plataforma de fundos dos principais gestores do país.

Como transferir recursos?
Para investir é necessário fazer uma transferência de qualquer valor do seu banco para a sua conta na Rico. Basta clicar aqui, fazer o login para saber mais.

Se você precisar de ajuda para começar, responda este e-mail ou entre em contato pelo telefone abaixo.

Um abraço,

Na sexta-feira seguinte, fiz minha TED (no valor de R$ 1 mil) para minha conta na Rico, conforme me indicava a *página inicial* do *site*:

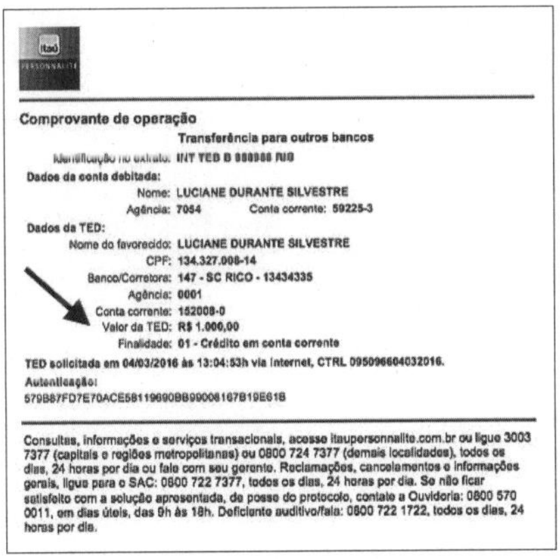

Comprovante de operação

Transferência para outros bancos

Identificação no extrato: INT TED B 888988 RIO

Dados da conta debitada:

Nome: LUCIANE DURANTE SILVESTRE
Agência: 7054 Conta corrente: 59225-3

Dados da TED:

Nome do favorecido: LUCIANE DURANTE SILVESTRE
CPF: 134.327.008-14
Banco/Corretora: 147 - SC RICO - 13434335
Agência: 0001
Conta corrente: 152008-0
Valor da TED: R$ 1.000,00
Finalidade: 01 - Crédito em conta corrente

TED solicitada em 04/03/2016 às 13:04:53h via internet, CTRL 095096604032016.

Autenticação:
579B87FD7E70ACE58119690BB99008167B19E61B

Consultas, informações e serviços transacionais, acesse itaupersonnalite.com.br ou ligue 3003 7377 (capitais e regiões metropolitanas) ou 0800 724 7377 (demais localidades), todos os dias, 24 horas por dia ou fale com seu gerente. Reclamações, cancelamentos e informações gerais, ligue para o SAC: 0800 722 7377, todos os dias, 24 horas por dia. Se não ficar satisfeito com a solução apresentada, de posse do protocolo, contate a Ouvidoria: 0800 570 0011, em dias úteis, das 9h às 18h. Deficiente auditivo/fala: 0800 722 1722, todos os dias, 24 horas por dia.

Usei o *atendimento eletrônico* (*chat*) da corretora para perguntar quanto tempo o dinheiro levaria para estar disponível na minha conta, podendo então ser movimentado:

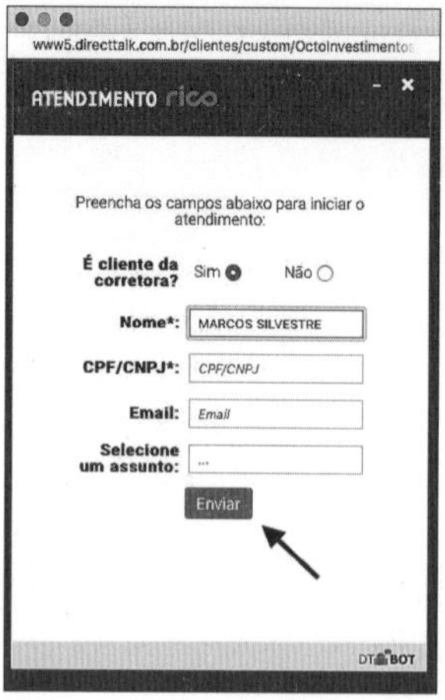

Em um primeiro momento, o *atendimento eletrônico* (*chat*) não me deu opções que responderiam à minha pergunta *"Quanto tempo depois de feita a* TED *o dinheiro estará na minha conta da corretora, pronto para ser transacionado?"*:

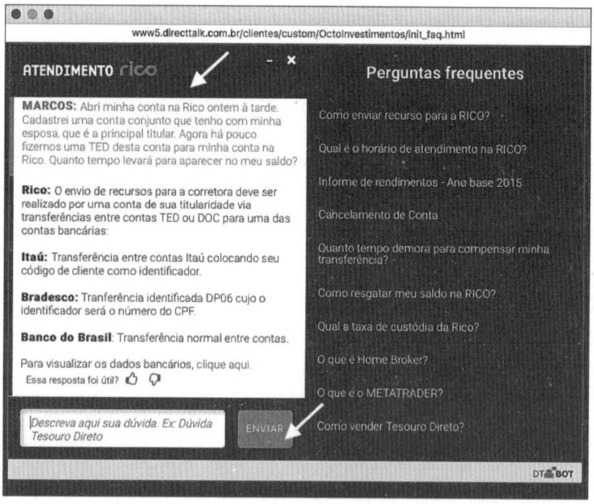

Insisti com o *atendimento eletrônico* (*chat*), que me informou que o dinheiro da TED realizada estaria disponível para movimentação na minha conta da Rico em aproximadamente uma hora:

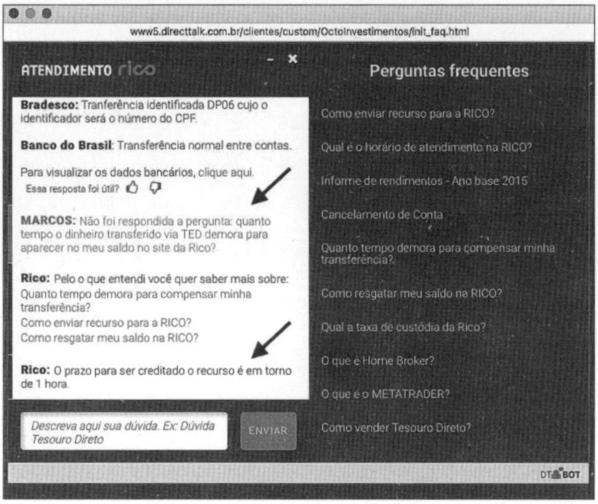

Pronto: daqui a uma hora (talvez antes) já será possível comprar títulos públicos via Tesouro Direto usando sua conta na Rico! Como você vê, esse processo de abertura de sua conta on-line não tem como dar errado! Mas se por acaso tiver alguma dificuldade, é só esclarecer com o *setor de atendimento* da corretora: você ficará positivamente surpreso com a agilidade e a eficácia dos atendentes, seja pelo meio que for — chat, e-mail ou telefone. (Pelo menos essa é a minha impressão como cliente dessa competente corretora de valores.)

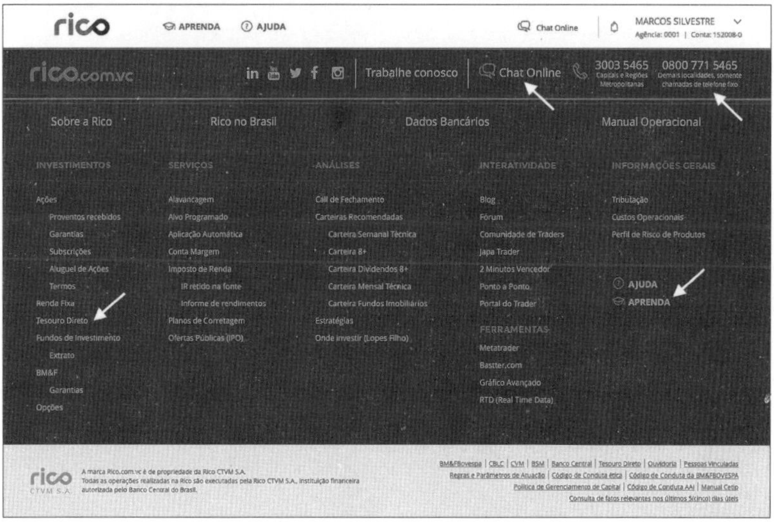

Em suma, a corretora de valores Rico oferece a seus clientes um site muito completo, que traz, inclusive, ferramentas bastante interessantes e informações específicas para o investidor de perfil *dinâmico alavancador*. Esse conteúdo não será explorado exatamente neste livro (aguarde uma nova obra), que tem foco voltado para os aplicadores em Tesouro Direto com perfil *dinâmico multiplicador*.

SÍNTESE DO APRENDIZADO ATÉ ESTE PONTO DO LIVRO

Veja a seguir uma síntese do quanto você já aprendeu até aqui sobre como tornar-se um *investidor multiplicador* — ou seja, aquele aplicador que está determinado a batalhar por ganhos mais dinâmicos, ao mesmo tempo em que não se mostra disposto a abrir mão de um elevado nível de segurança, investindo em títulos públicos via Tesouro Direto!

CAPÍTULO 1

O que faz o dinheiro aplicado crescer e se multiplicar para valer, inclusive de forma bastante diferenciada nas aplicações dinâmicas (como os títulos públicos do Tesouro Direto), é somente a **Rentabilidade Líquida Real Acumulada (RLRA)**. Portanto, é indispensável para o aplicador multiplicador tomar os seguintes cuidados:

- avaliar o impacto do **IR cobrado** sobre as diferentes aplicações;
- conhecer direito as **taxas incidentes** em cada uma;
- calcular o desgaste da **inflação** no poder aquisitivo do dinheiro;
- valorizar o efeito multiplicador dos **juros acumulados** nos anos.

CAPÍTULO 2

As **aplicações financeiras conservadoras** são definidas por cinco importantes *qualidades*, e você encontrará uma excelente combinação de todas elas nos títulos públicos oferecidos através do Tesouro Direto:

- **Rentabilidade**: diferenciada e dinâmica;
- **Acessibilidade**: a maior do mercado (igual à da poupança);
- **Risco**: elevada segurança = conservadorismo;
- **Liquidez**: elevadíssima (diária);
- **Prazo de maturação:** do médio ao longuíssimo prazo.

Seu perfil psicológico de investidor isoladamente não define o aplicador que você é, muito menos o investidor dinâmico que deseja ser! Você deve, então, buscar **seu verdadeiro perfil de investidor multiplicador** conforme cada plano que tenha, para cada um de seus sonhos, respeitando sempre as suas *necessidades* e as suas *possibilidades* em cada caso (buscando o que é bom *para você*):

- **Possibilidades**:
  - **disponibilidade de acompanhamento**: naturalmente baixa...
  - **capacidade de poupança mensal**: qual é seu melhor número?

- **Necessidades**:
  - **prazo de realização**: quanto tempo para cada sonho?
  - **meta de acumulação**: quanto acumular em cada plano?

CAPÍTULO 3

Como você pretende conquistar seus principais sonhos de compra e consumo? Pode ser pagando pesados juros em pesadas (e arriscadas!) dívidas. Ou... poupando e aplicando em títulos públicos e ganhando juros sobre juros. Desse modo você baterá muito mais rápido (e com maior segurança!) sua meta de acumulação, e conseguirá realizar seu sonho comprando com desconto ao pagar à vista!

Para abandonar a via das dívidas destruidoras do seu poder aquisitivo e adotar de vez a dos investimentos dinâmicos — ou seja, para dar essa importante virada rumo à prosperidade sustentável e duradoura —, siga **O Plano Da Virada® | Traçar Planos de Investimentos**:

- Apure o preço de mercado = sua meta de acumulação;
- Encontre o prazo de realização factível do seu sonho;
- Corrija o preço do sonho de acordo com a inflação;
- Garimpe as aplicações financeiras de melhor RLRA;
- Compare-as pelo esforço poupador & investidor;
- Compare a via da dívida ao esforço em cada aplicação;

- Compare as aplicações e priorize a mais dinâmica;
- Ajuste seu plano e encaixe-o no orçamento mensal;
- Trace um plano específico para cada sonho;
- Acompanhe seu plano e monitore seu desempenho.

CAPÍTULO 4

O **prazo** é o senhor da razão financeira para quem quer ganhar mais com segurança. O **prazo de realização** traçado para cada sonho lhe indicará a melhor aplicação, conforme o **prazo de maturação** de cada uma delas. Existem **cinco faixas de prazos indicadas** para o enquadramento das diferentes aplicações financeiras conservadoras em nosso país, e encontramos, no Tesouro Direto, diferentes opções de títulos públicos para atender satisfatoriamente a planos em cada uma dessas faixas (e mais marcadamente a partir do médio prazo):

- **Curtíssimo prazo (CCP)**: até 12 meses (um ano);
- **Curto prazo (CP)**: de 13 a 24 meses (entre um e dois anos);
- **Médio prazo (MP)**: de 25 a 60 meses (entre dois e cinco anos);
- **Longo prazo (LP)**: de 61 a 120 meses (entre cinco e dez anos);
- **Longuíssimo prazo (LLP)**: acima de 120 meses (mais de dez anos).

CAPÍTULO 5

Fazer a **abertura de sua conta corrente** em uma *corretora de valores on-line* é muito mais fácil que abrir uma conta em um banco. Não leva nem meia hora e pode ser feito 100% de casa ou do escritório com muita segurança, conforto e praticidade. Além disso, a abertura não tem custo algum e também não há nenhuma cobrança para manter sua conta aberta.

Então, não deixe que o preconceito ("é complicado" / "é demorado" / "é caro") ou a procrastinação ("agora não vai dar" / "depois eu faço") o impeça de abrir sua conta e passar a fazer investimentos dinâmicos em títulos públicos. Quer mesmo prosperar? Então não vá trair seus próprios interesses...

Conheça os fundamentos que alicerçam a segurança e o dinamismo do Tesouro Direto

Agora que sua conta na corretora de valores já está aberta e você tem "a faca e o queijo nas mãos" para começar a aplicar no Tesouro Direto, é necessário que compreenda alguns conceitos fundamentais sobre nossa Dívida Pública Federal (DPF), bem como detalhes relevantes sobre os títulos que compõem essa dívida (os chamados *títulos públicos*), que lhe são oferecidos através do canal Tesouro Direto como opção de aplicação segura e dinâmica para o pequeno investidor.

CAPÍTULO 6

GARIMPANDO OS TÍTULOS PÚBLICOS MAIS SEGUROS E RENTÁVEIS DO TESOURO DIRETO

Conheça os fundamentos que alicerçam a segurança e o dinamismo do Tesouro Direto

Peço-lhe um pouco de paciência para absorver o aprofundamento deste capítulo: não pense que ele é teórico, porque tem tudo a ver com seu sucesso *na prática* enquanto investidor multiplicador! E logo você se verá dando os primeiros cliques de *ação*, porém calcado na certeza de que estará fazendo boas escolhas, com conhecimento detalhado e opinião bem formada. Saiba que, com o alicerce bem sedimentado, operacionalizar suas compras e vendas de títulos públicos no TD através de sua corretora será a parte mais rápida e fácil.

Recapitulando, o Tesouro Direto é um programa de compra e venda de títulos públicos para pessoas físicas, priorizando os pequenos investidores (embora acolha também os aplicadores de médio e grande porte). Esse programa vem sendo desenvolvido desde o início da década passada pela Secretaria do Tesouro Nacional, o órgão do governo central que cuida do dinheiro público federal, e sua proposta é oferecer *títulos públicos de renda fixa* (seja *prefixada*, *pós-fixada* ou uma solução *híbrida* de pré com pós) diretamente para a compra fracionada por parte de investidores pessoas físicas.

Antes de termos o Tesouro Direto, apenas instituições financeiras e grandes empresas podiam adquirir esses títulos. Desde 2002, qualquer pequeno investidor pode fazê-lo por valores de aplicação baixíssimos, a partir de R$ 30, com total acessibilidade, praticidade e muita segurança, diretamente pela internet — portanto, com o conforto de não precisar sequer sair da sua casa ou do seu escritório. Ao lado da caderneta de poupança brasileira, posso afirmar que o Tesouro Direto é, hoje, a forma de aplicação financeira mais acessível e democrática do mundo desenvolvido do qual o Brasil faz parte.

Os ativos financeiros que se pode comprar ou vender por meio do Tesouro Direto são, então, os títulos da *Dívida Pública Federal do Brasil*. É importante que você entenda o que vem a ser um título desses em suas características mais relevantes. Além disso, deve compreender de onde emana sua segurança, rentabilidade e liquidez, antes mesmo que possa conhecer os pormenores que diferenciam os vários tipos de títulos disponíveis no Tesouro Direto (LTNS, NTNFS, NTNBS e LFTS), já que eles apresentam mecanismos de rentabilidade e prazos de maturação muito distintos (ter um ou mais deles será perfeito para você!).

A Dívida Pública Federal pode ser um bom investimento para você?

O governo central do Brasil arrecada dinheiro com tributos para financiar suas diversas atividades de prestação de serviços aos cidadãos. Mas ainda assim também acaba recorrendo aos investidores do mercado financeiro para captar mais dinheiro, o que vem a constituir aquilo a que chamamos de Dívida Pública Federal (DPF). Do ponto de vista do governo, os títulos emitidos são dívidas, enquanto, do seu ponto de vista, são opções de investimentos pessoais.

O endividamento público é algo bastante normal em qualquer país do globo, porque os governos têm de fazer gigantescos investimentos públicos, aplicando muitos bilhões (de suas respectivas moedas) em empreendimentos que deverão beneficiar seus cidadãos por vários anos — e nem sempre os impostos cobrem tudo isso em um primeiro momento. Pense no caso da construção de uma usina hidrelétrica de grande porte, uma imensa ponte interligando dois países ou ainda uma extensa rodovia conectando o norte ao sul do país. Sonhos nacionais gigantescos como esses justificam que o governo faça a dívida pública para levantar ou complementar o enorme capital necessário para seu financiamento. Afinal, esses importantes projetos públicos de grandíssimo porte proporcionam profundos benefícios para os cidadãos. Diferentemente do que se pode dizer para o caso das pessoas comuns e das famílias que, em geral, se endividam para consumir, é bastante aceitável que governos tenham dívidas, desde que sejam bem aproveitadas, bem administradas e mantidas sob saudável controle.

Quem financia a nossa DPF brasileira é o investidor que aplica em títulos públicos

Pessoas e empresas que têm dinheiro disponível e não pretendem consumi-lo em compras e gastos nos próximos meses ou anos, desejando, portanto, rentabilizá-lo, são, por definição, *investidores*. Investidores podem emprestar seu dinheiro a qualquer tipo de credor que lhes ofereça rentabilidade diferenciada, com segurança e liquidez, inclusive ao governo brasileiro, se for o caso. Em contrapartida, o governo colocará em suas mãos os títulos da Dívida Pública Federal. Os detentores desses títulos se tornarão investidores do Tesouro Nacional.

A rentabilização dos títulos públicos pode acontecer de forma *prefixada* (tudo 100% combinado no início da operação), ou *pós-fixada* (os parâmetros são combinados quanto ao referencial válido, no momento da aplicação, mas os números exatos em cifrões são conhecidos apenas no momento do resgate). Ou ainda com uma rentabilidade *híbrida*, combinando pré com pós-fixação de ganhos que, no entanto, serão sempre *fixados* no momento da compra dos títulos. Portanto, títulos públicos são sempre aplicações conservadoras de renda determinada.

No passado não muito distante, esses títulos tinham uma existência física: eram impressos da mesma forma que cédulas de dinheiro, mas em tamanho maior, em *papéis* muito caros e elaborados — daí serem ainda hoje chamados de "papéis" no jargão do mercado financeiro. Atualmente, os títulos públicos são "apenas" registros eletrônicos, como, aliás, já acontece com praticamente qualquer dimensão de nossa vida financeira. No entanto, não apenas os títulos públicos são virtuais hoje em dia — toda a nossa movimentação financeira já é virtual, e nem por isso nos sentimos inseguros quanto a nossos direitos e deveres financeiros. Temos, hoje, uma vida financeira essencialmente digital. O que deve contar não é a segurança física de um pedaço de papel em si, mas a seriedade das instituições que estão por trás dos números financeiros que nos afetam particularmente.

Aplicar em títulos públicos é uma situação muito similar a quando investimos em Certificados de Depósito Bancário (CDBS) de qualquer grande banco brasileiro. Nossos bancos também têm de fazer dívida no mercado para levantar o dinheiro que mais tarde emprestarão a seus correntistas nas várias modalidades de crédito existentes. Por razões históricas, em função do bom trabalho de divulgação feita na extensa rede bancária do país, muitos brasileiros já investiram ou ainda investem em CDBS, mas nunca experimentaram as aplicações em títulos da Dívida Pública Federal. Porém, eles podem ser até mais seguros que os CDBS, mesmo considerando aqueles emitidos por grandes e sólidos bancos. De todo modo, isso está mudando bem rápido; é apenas uma questão de amadurecimento do mercado.

Mas... podemos confiar que esses títulos da DPF brasileira são mesmo seguros?

O investidor responsável sempre coloca a segurança do seu dinheiro acima de qualquer outra dimensão, e, por isso, a dúvida procede: títulos públicos são mesmo seguros?

Devido à má gestão generalizada da prestação de serviços do Estado brasileiro, não só na esfera federal, mas inclusive estadual e municipal, nós, brasileiros, nos acostumamos a "olhar torto" para tudo o que vem do governo. Essa atitude é até bastante justificada, mas espero que não o impeça de aplicar em títulos públicos (de emissão do

Tesouro Nacional, portanto do governo central), e assim ganhar mais dinheiro com elevada segurança. E para compreender de onde emana a segurança dos títulos da Dívida Pública Federal brasileira é necessário conhecer o perfil dessa dívida e ter alguns parâmetros de mercado para avaliá-la adequadamente, sem discriminá-la de forma irracional.

O estoque total da dívida nacional fechou dezembro de 2015 em R$ 2,79 trilhões, ou seja, quase 3 trilhões de reais! Isso pode parecer uma enormidade de dinheiro — e de fato é. Mas daí não se deve deduzir que o governo brasileiro seja um devedor contumaz e que, como todo devedor crônico, de uma hora para outra ficará impedido de pagar suas dívidas e se verá obrigado a dar o calote em quem adquiriu títulos públicos. Em tese, essa é sempre uma possibilidade que deve ser mantida no radar. Contudo, hoje, essa seria uma interpretação precipitada, um equívoco que poderia afastar seu dinheiro de uma oportunidade muito segura e rentável de aplicação financeira conservadora.

A melhor maneira de interpretar a magnitude trilionária da DPF brasileira é referenciá-la em algum outro número importante da nossa economia. Também podemos comparar esse volume aparentemente portentoso com números das dívidas públicas de outros países, por exemplo, para conferir como estamos nesse aspecto ao nível de comparações globais.

O Produto Interno Bruto (PIB) do Brasil (soma de todas as riquezas produzidas no país em um ano) fechou 2015 em R$ 5,9 trilhões. Fazendo as contas, observamos que a DPF brasileira atinge cerca de 47% do nosso PIB. Nossa relação dívida/PIB revela uma proporção ainda bastante comedida, indicando que a dívida do governo central do Brasil é baixa se comparada à capacidade que nosso país tem de gerar riquezas e, consequentemente, à capacidade que nosso governo tem de arrecadar impostos sobre essa riqueza para poder arcar com os juros de rolagem da dívida pública e com o pagamento dos devidos vencimentos dos títulos em suas datas corretas.

Se tomarmos os demais países do globo que compõem a lista das maiores economias do planeta, observaremos que *todos* os que estão a nossa frente nesse *ranking* têm uma relação DPF/PIB superior à do Brasil. Os Estados Unidos da América, por exemplo, têm um PIB pelo menos dez vezes maior que o nosso (tal comparação entre as duas economias tem variado muito, conforme vem oscilando o câmbio médio de cada ano). Nos EUA essa relação DPF/PIB fecha acima de 100%, ou seja, a dívida pública americana é, pelo menos, umas vinte vezes mais volumosa que a brasileira.

Um fato numérico: atualmente, o governo federal brasileiro tem uma dívida pública até que comedida para os padrões mundiais.

Mas a DPF brasileira apresenta mesmo boa solidez interna?

Um aspecto importante de avaliação da solidez da DPF brasileira é sua **distribuição entre os diversos tipos de títulos** que formam essa dívida quanto ao **critério de remuneração pactuada**: hoje essa composição é adequadamente equilibrada.

Em dezembro de 2015, o percentual de **títulos prefixados** (LTNS | Tesouro Prefixado e NTNFS | Tesouro Prefixado com Juros Semestrais) somou 41% do total da DPF (R$ 1,08 trilhão). A maior parte da dívida pública brasileira é hoje de "custo fechado", ou seja, não está sujeita a nenhum tipo de oscilação e instabilidade, o que dá uma boa previsibilidade orçamentária para o credor, no caso, o Tesouro Nacional. Verdade seja dita: é um custo de financiamento muito elevado para padrões internacionais, mas é fechado, previsível, orçamentável e pagável.

Os **títulos atrelados à taxa Selic**, com rentabilidade pós-fixada (LFTS | Tesouro Selic), por sua vez, tiveram sua participação elevada na DPF em 2015 (e esta deve ser uma tendência em 2016). No fim do ano passado, representaram 7,90% do total (R$ 209 bilhões), em comparação com 6,57% no fechamento de 2014 (R$ 143 bilhões). Se a economia brasileira voltar aos eixos e a inflação se estabilizar em um patamar inferior ao atual, a taxa básica de juros (taxa Selic) poderá ceder, barateando o custo desta parte da dívida pública. Isto é o que hoje os economistas positivos (dentre eles, eu) esperam que aconteça no médio prazo.

Por sua vez, a parcela da dívida pública que é atualmente composta de **títulos corrigidos por índices de preços (inflação)** NTNB Principal | Tesouro IPCA+ e NTNB | Tesouro IPCA+ com Juros Semestrais, somou 34,28% no fim de 2015, o equivalente a R$ 908 bilhões. A inflação "assanhada" tem resultado em um elevado custo no pagamento dos juros desse tipo de título, mas a expectativa, como já argumentei aqui, é de um esfriamento a médio prazo, o que fará baratear o serviço das NTNBS.

Os **títulos públicos brasileiros indexados à variação da taxa de câmbio** (que não estão à venda no Tesouro Direto) somaram 16,79% do total no fim de 2015, ou R$ 444 bilhões. O câmbio brasileiro, depois dos fortes ajustes nos últimos anos, tende agora a se estabilizar (e até recuar!), com o realinhamento da economia do país, o que, mais uma vez, deverá baratear o pagamento de juros dessa modalidade de título.

Quanto à **distribuição da DPF brasileira por detentores (investidores) dos títulos**, em dezembro de 2015, os *estrangeiros* detinham nada menos que 18,8% do total da dívida interna (R$ 497 bilhões)! Esses aplicadores não residentes em nosso país ficaram na quarta colocação de principais detentores da dívida pública interna, atrás das *instituições financeiras* (25% do total), dos *fundos de previdência* (21,4%) e dos *fundos de investimento financeiro* (19,6%). Também aqui observamos uma saudável pulverização da DPF brasileira — o que a impede de estar indevidamente concentrada nas mãos de um único grupo de aplicadores (que pudesse tentar usar sua posição investida majoritária de forma especulativa e manipuladora do mercado).

Quanto **ao prazo médio da DPF**, o percentual da dívida interna que vai vencer dentro de *12 meses* ficou em 20,20% em dezembro de 2015, ou seja, apenas 1/5 dessa dívida é de curtíssimo prazo. O *prazo médio* da dívida pública interna brasileira fechou no ano passado em 4,44 anos. Considerando a metodologia *"Average Term to Maturity"*, que permite maior comparabilidade do Brasil com outros países, a vida média da dívida pública federal brasileira terminou 2015 em 6,59 anos, apontando para uma dívida com prazo essencialmente alongado, o que mostra que há tempo adequado para honrá-la na sua integralidade.

Mas a DPF brasileira não estaria talvez exposta demais a crises globais?

Precisamos, agora, analisar o quanto da dívida pública brasileira foi contratada *por aqui* e o quanto foi contratada diretamente *no exterior*.

Assim, poderemos avaliar até que ponto nosso governo central está na dependência de financiamento externo para rolar sua dívida pública, o que é sempre uma potencial ameaça à soberania econômica de um país.

A parcela da DPF que é Dívida Pública Federal Interna (DPFI) fechou o ano passado em R$ 2,65 trilhões. De outro lado, a Dívida Pública Federal Externa (DPFE) encerrou o ano passado em R$ 142,84 bilhões, o que representa tão somente 5,39% do total da dívida pública e 2,42% do nosso PIB. Mais uma vez, salta aos olhos a comparação com os Estados Unidos da América: lá essa proporção é maior que 100%! Pois quem lhe parece mais (muito mais!) dependente do financiamento do resto do mundo, nesse caso?

Nossos números nos indicam que o governo brasileiro, na comparação internacional, deve muito pouco dinheiro ao exterior. Portanto, a exposição da nossa dívida pública a flutuações na economia global é hoje desprezível. Nem sempre foi assim: há apenas algumas décadas, nossa dívida externa era elevadíssima e, inclusive, nos colocava na desagradável posição de termos que seguir regras de conduta econômica ditadas pelo Fundo Monetário Internacional, uma clara afronta à soberania internacional de qualquer país! Os dados da atualidade comprovam a forte capacidade de financiamento interno do governo brasileiro, um invejável diferencial competitivo no instável mundo globalizado de hoje.

Mas o governo está hoje com problemas... Isso não afeta a solidez da dívida pública?

Sim, já é largamente sabido que o atual alto-comando do governo central brasileiro tem se revelado um ineficiente gestor das contas públicas em geral. Basicamente, todos observamos um governo com grande dificuldade (ou indisposição, para alguns) em controlar seus próprios gastos. E, como compensação (aqui está a incompetência na atual gestão da política econômica!), acabou induzindo o país a um caminho de tributaços e tarifaços que oneraram demasiadamente e deprimiram a atividade econômica, a tal ponto que o próprio governo saiu prejudicado com a forte queda na arrecadação de tributos, quando pretendia fazer justamente o contrário. Isso gera naturais barreiras para o financiamento governamental e, sem dúvida, acaba aumentando a pressão por um endividamento público crescente.

Segundo os dados do próprio Tesouro Nacional, nos últimos dez anos a DPF mais que dobrou: em 2005, o estoque de dívida estava em R$ 1,15 trilhão, subindo para R$ 2 trilhões no fechamento de 2012 e para R$ 2,79 trilhões no final do ano passado. Ok, precisamos lembrar que há aí a inflação do período para descontar (já que desejamos enxergar a evolução *real* da situação), que foi de 77% pelo IPCA acumulado no período. Isso restringe o aumento real da DPF brasileira a "apenas" 37% na última década. Mas isso não é exatamente pouco e a tendência é de alta continuada: experientes colegas economistas projetam que nossa dívida pública chegará a ultrapassar R$ 3,3 trilhões ainda em 2016.

Agora... tudo isso significaria que a DPF brasileira ruma para um descontrole a médio prazo, resultando em uma eventual impagabilidade a longo prazo? Ou seja: isso quer dizer que os títulos públicos não são investimentos seguros?

Eu acompanho e analiso com atenção a economia mundial e global desde 1986, quando ingressei na Faculdade de Economia da Universidade de São Paulo (apesar de já amar a Economia desde muito antes disso). Durante décadas, portanto, já vi de tudo e constatei algo interessante: crises são cíclicas; elas vêm, azedam nosso apetite econômico por um período, mas, no seu tempo devido, se vão e dão espaço à bonança. Ainda mais a atual crise que, todos sabemos, tem fundamentos eminentemente políticos (a despeito dos nossos gargalos econômicos concretos). Sou daqueles (economistas) brasileiros que acreditam numa superação dos nossos entraves políticos (a médio prazo) e na consequente retomada do crescimento e desenvolvimento do nosso país. Sim, ainda teremos problemas, profundos problemas estruturais, é verdade. Nossa atual classe política talvez seja o maior deles... Porém, somos uma nação com mais de 200 milhões de habitantes, o quinto maior país do mundo em extensão territorial, um território repleto de abundantes riquezas naturais, e temos um parque industrial e tecnológico que ainda nos habilita entre as dez principais economias do globo. Creio, sim, que "a coisa vai virar" nos próximos anos, antes mesmo de haver uma deterioração *relevante* na atual conjuntura da dívida pública brasileira que tornasse os títulos públicos inseguros.

Analisando friamente os dados de que dispomos hoje, mesmo fazendo projeções não muito otimistas, o que fica claro é a talvez surpreendente (mas inegável!) *solidez* atual da nossa Dívida Pública Federal, que, apesar de estar crescendo mais rápido do que o recomendável neste momento, é relativamente pequena, bem distribuída, alongada e pouco exposta às flutuações nas finanças globais. Isso tudo se traduz em uma importantíssima característica para o potencial investidor em títulos públicos por meio do Tesouro Direto: grande segurança, na prática (pelo menos no horizonte do médio prazo)!

Não se esqueça de que essas configurações da DPF deverão naturalmente variar ao longo do tempo. Em algum momento do 1º trimestre de cada ano, a imprensa sempre divulga esses números todos atualizados (com referência ao ano anterior). Uma vez que você já está familiarizado com esse assunto, pode acompanhar todo ano, pelos jornais, a evolução do perfil da Dívida Pública Federal brasileira e validar sua própria análise sobre que rumo ela tem tomado, sem pessimismo ou alarmismo. Quanto a mim, como economista, não tenho bola de cristal (alguém tem?), não sou partidário deste ou de nenhum governo (isto comprometeria minha análise), não sou avalista da DPF brasileira (o Tesouro Nacional é), e não mando no seu dinheiro (você é quem deve fazê-lo!): apenas busco, como o fiz neste livro, balizar-me pela "frieza" dos dados e das informações, tanto disponíveis quanto projetáveis. E que o bom Deus nos ajude a todos!

Os títulos do Tesouro Direto: um amplo leque de oportunidades para o investidor dinâmico

É chegado o momento de começarmos a nos aprofundar nos detalhes dos títulos públicos: afinal, a ideia é que eles se tornem "amigos íntimos" do seu dinheiro, e para isso têm de se tornar primeiramente "velhos conhecidos"! Três são os *conjuntos* de títulos públicos que você encontrará para compra (ou venda) no canal do Tesouro Direto, e esses grupos se formam conforme a *métrica de rentabilização* dos títulos:

- **Prefixados.** Títulos que oferecem rentabilidade *prefixada*. Ou seja, no momento de sua compra, o investidor já fica sabendo exatamente a taxa de rentabilidade bruta (em geral informada em porcentagem acumulada ao ano) que irá ganhar, se decidir segurar esse título até seu vencimento, respeitando seu prazo de maturação natural;
- **Indexados à Taxa Selic.** Papéis que dão rentabilidade *pós-fixada*, ou seja, no momento da compra do título fica determinado (fixado) ao investidor que ele receberá no vencimento do título, em termos de rentabilidade bruta, o que der a taxa Selic acumulada no período entre a compra e a data de vencimento (durante o prazo de maturação). Não se sabe ainda, na hora do investimento, o quanto precisamente isso será... mas se sabe que o referencial (o indexador) será a Selic;
- **Indexados ao IPCA.** Estes títulos têm uma natureza híbrida na sua métrica de rentabilização, que se dá com a soma de dois lados: 1) parte da rentabilidade é totalmente *prefixada*, pois o investidor fica conhecendo já no ato da compra a rentabilidade bruta (informada em porcentagem acumulada ao ano) que irá ganhar se segurar esse título até seu vencimento; 2) outra parte é *pós-fixada*, pois o título pagará o quer der a inflação do IPCA — Índice de Preços ao Consumidor Amplo (IBGE) — acumulada entre a data da compra e a data do vencimento do título (durante seu prazo natural de maturação após a compra).

Não se preocupe ainda, neste momento, com os nomes dos títulos. Apenas vamos nos concentrar agora nessas categorias e suas características mais importantes (logo chegaremos aos nomes). Costumo dizer que os três grandes tipos de títulos públicos são como irmãos de uma mesma família da nobreza: eles dividem basicamente a mesma ilustre origem, mas cada título tem particularidades que lhe conferem personalidade (e aplicabilidade) própria.

Todos os títulos do Tesouro Direto apresentam os mesmos padrões elevados de *acessibilidade*, *segurança* e *liquidez*, e são basicamente indicados para quem deseja obter *rentabilidade diferenciada* em suas aplicações, tentando ser dinâmico sem abrir mão do conservadorismo. Afora essas qualidades comuns, cada título tem sua própria configuração em termos de:

- **Métrica de rentabilização:** quanto (e como) rentabiliza;
- **Prazo de maturação:** quando vence (conforme sua emissão);
- **Valor:** quanto custa (e qual o valor mínimo para a compra).

As duas primeiras características dos títulos públicos (métrica de rentabilização e prazo de maturação) indicam a *rentabilidade líquida acumulada* que se pode esperar da aplicação em cada tipo. O terceiro fator (valor) indica o valor mínimo desembolsado pelo investidor para a aplicação em cada papel, definindo o quão acessível cada título do Tesouro Direto pode ser para o pequeno investidor. Mas hoje, mesmo o título de maior valor (caso da LFT | Tesouro Selic, que beira os R$ 8 mil) pode ser comprado em pequenas frações de 1% do título (algo próximo de R$ 80) sem absolutamente nenhuma perda nas suas qualidades, o que garante plena acessibilidade ao TD. É como se você pudesse comprar apenas um gomo da laranja, se não quisesse ou não tivesse condições de adquirir naquele momento a laranja inteira: isso não tornará o título menos doce e suculento!

Para cada sonho que você deseja concretizar através das aplicações no TD, e para cada perfil e plano de investimentos, haverá um título público mais indicado que o outro. Conhecer os títulos da DPF brasileira "na intimidade" possibilitará a você fazer o "casamento" mais adequado entre seus sonhos, seus planos e os melhores títulos públicos.

Todos os títulos do Tesouro Direto são de renda fixa, conservadores e muito líquidos

Além do aval de credibilidade do Tesouro Nacional, talvez a mais louvável característica em comum entre os três grupos de títulos do Tesouro Direto seja que todos eles são de *renda fixa* (seja *prefixada*, *pós-fixada* ou *híbrida = pré + pós*). Todo título público se compromete a pagar ao aplicador uma determinada rentabilidade que é previamente pactuada entre governo e investidor e é fechada no momento da compra do título. A métrica de rentabilização de qualquer título público é sempre definida (fixada) no momento da aplicação.

No momento futuro da liquidação natural do título — após transcorrer completamente seu prazo de maturação —, o dinheiro retornará para a conta do aplicador com o acréscimo da exata rentabilidade fixada no ato da compra (descontados o IR e a taxa da BM&FBOVESPA). Assim, você, o aplicador, poderá empregá-lo na realização daquele seu sonho — o motivo fundamental que em primeiro lugar o levou a se planejar, a se sacrificar, a poupar, a garimpar uma aplicação dinâmica e a partir daí a multiplicar suas economias para bater a meta de acumulação requisitada pelo seu sonho!

Se o aplicador por acaso não puder (ou não quiser) esperar atingir o prazo de vencimento natural do(s) título(s) federal(is) que comprou, é possível desfazer-se dele(s) a qualquer momento, reembolsando seu dinheiro um (ou dois) dias úteis depois. Com o objetivo de dar ampla liquidez aos títulos públicos adquiridos via Tesouro Direto, o Tesouro Nacional realiza recompras diárias, dentro do período que vai das 18 horas até às 5 horas da manhã do dia seguinte, no caso de dias úteis, e a qualquer hora nos fins de semana e feriados. Sua venda sempre será realizada pelo valor (amplamente conhecido) de fechamento de mercado do título naquele dia (= no último dia útil em que o mercado operou).

Essa liquidez diária confere bastante tranquilidade ao aplicador do Tesouro Direto, que não ficará necessariamente "amarrado" em suas aplicações nos títulos públicos. Caso seu plano de investimentos tenha de ser revertido em função de alguma mudança de rota emergencial em sua vida (como um eventual desemprego, um acidente ou outro motivo grave de saúde), você poderá liquidar sua posição e resgatar suas economias em qualquer dia.

Veja bem: não é recomendável que isso ocorra por um motivo de força menor, porque um bom plano de investimentos é feito justamente para ser executado até a data de conclusão planejada. Isso se você fez um bom plano, escolheu exatamente o título com *prazo de maturação* que coincidia com o *prazo de realização* do desejo/sonho, garantindo assim a concretização do grande sonho de compra e consumo, que, para início de conversa, deu origem à *meta de acumulação* que rege o plano. Só isso poderá ser considerado uma grande vitória em sua vida financeira! No entanto... como ninguém está livre de imprevistos (se forem mesmo imprevistos!), poder contar com a liquidez diária do Tesouro Direito é sempre reconfortante.

Título público é sempre de renda fixa, mas há um "lado oculto" de renda variável!

Aqui entra uma intrigante característica do Tesouro Direto: todos os títulos são de *renda fixa*, mas quem optar por se desfazer de um título a qualquer momento, antes de atingir seu vencimento natural, poderá apurar uma valorização distinta daquela originalmente esperada, que pode ser maior ou menor, e até mesmo *negativa* (= perda para o aplicador)!

Há, sim, no Tesouro Direto, um certo componente de *renda variável*, embora lá se negociem somente papéis que, na sua origem, são estritamente conservadores, todos de *renda fixa*. Quem segurar seus títulos (qualquer deles que tenha adquirido) até o vencimento natural de cada um — ou seja, respeitando integralmente seu prazo natural de maturação — terá sempre nos títulos públicos uma aplicação conservadora (quanto à segurança) e muito dinâmica (quanto aos lucros), e sempre de renda fixa. No entanto, quem resolver vendê-los antes da maturação, negociando-os *a mercado*, talvez apure ganhos bem distintos do originalmente oferecido pelos títulos, que poderá ser maior, menor... ou chegar até mesmo a encarar alguma perda! Mas calma: isso só acontecerá com quem estiver determinado a passar por esse tipo de experiência aplicadora (o que provavelmente não será o seu caso).

Vejamos o exemplo de uma situação bem atípica, que mexeu muitíssimo com a rentabilidade momentânea dos títulos do Tesouro Direito, algo ocorrido em janeiro de 2016. Estava programada para o dia 20 daquele mês uma reunião do Comitê de Política Monetária do Banco Central para votação (entre seus diretores) e o anúncio (a decisão da maioria) do novo patamar da taxa Selic, como é feito quase todos os meses. Nos dias e semanas que antecederam essa reunião, toda a sinalização das autoridades monetárias ao mercado era de que seria promovida uma alta de 0,50% na taxa anual que, então, subiria de 14,25% (1,12% ao mês) para 14,75% (1,15% ao mês), dando seguimento à onda de altas sucessivas. Até chegar o próprio dia 20, era nisso que o mercado acreditava: uma nova alta, que seria a próxima de uma série de prováveis altas subsequentes, ainda por vir.

Reforço aqui a noção de que a taxa Selic corresponde exatamente aos juros pagos nos títulos do tipo Tesouro Selic, ou seja, as LFTS — Letras Financeiras do Tesouro. Pense: em um cenário como esse, de juros básicos em provável ascensão, títulos como Tesouro Selic / LFTS (pós-fixados) apresentam maior apelo para os investidores do que títulos do tipo Tesouro Prefixado / LTNS, com rentabilidade 100% prefixada; ou até mesmo mais do que títulos do tipo Tesouro IPCA+ / NTNBS (híbridos: pré + pós), já que a autoridade monetária estaria claramente indicando que elevaria os juros pós-fixados para combater a inflação — o que encareceria o crédito e esfriaria a demanda agregada da economia até o quanto fosse necessário. Sendo assim, partindo desse cenário, os investidores do mercado se encontravam posicionados quanto a sua demanda efetiva por tais e quais tipos de títulos públicos: mais LFTS, menos LTNS e NTNBS.

Pois bem: surpreendendo (até chocando!) a todos, a decisão do Copom do BC nesse dia foi de *manutenção* da taxa Selic, e *sem* viés de alta — ou seja, a autoridade monetária passou a sinalizar uma abrupta reversão no processo de alta contínua dos juros básicos, que logo o mercado interpretou inclusive como um possível movimento de *redução* gradual. Isso porque, dada a grande surpresa de reposicionamento do BC, aventou-se a hipótese de que o Banco Central estaria talvez sofrendo pressões do governo (anulando a isenção que lhe deve sempre ser peculiar). O governo estaria coagindo o BC no sentido de baixar os juros básicos e assim aumentar a atividade econômica pelo barateamento do crédito, ainda que viesse a fazê-lo de forma irresponsável quanto a jogar mais lenha na fogueira da já pouco controlada inflação.

Janeiro de 2016: um mês em que a renda variável do Tesouro Direto foi... beeem variável!

Diante dessa reviravolta na política monetária, o que você acha que aconteceu nesse mês de janeiro de 2016 com a *demanda* e a consequente *valorização a mercado*, dos diferentes tipos de títulos públicos negociados no TD? Esse foi, sem dúvida, um mês bem atípico e interessante. Veja só esta tabela:

Rentabilidade do Tesouro Direto - Posição em 26/02/2016

As taxas apresentadas aqui referem-se à rentabilidade em caso de venda antecipada. Os títulos mantidos até sua data de vencimento têm garantida a rentabilidade contratada. Por fim, rentabilidade passada não é garantia de rentabilidade futura.

Títulos	Vencimento	Rentabilidade Bruta (%)				Taxa do Dia (% ao ano)	
		Últ. 30 dias	Mês Anterior	No Ano	12 Meses	Compra	Venda
Prefixados							
Tesouro Prefixado com Juros Semestrais	01/01/2027	5,36	-	-	-	16,00	16,06
Tesouro Prefixado com Juros Semestrais	01/01/2025	5,27	2,85	4,84	-2,08	-	15,88
Tesouro Prefixado	01/01/2023	5,53	-	-	-	15,83	15,89
Tesouro Prefixado com Juros Semestrais	01/01/2023	5,05	[illegible]	5,37	0,42	-	15,70
Tesouro Prefixado	01/01/2021	4,53	[illegible]	5,72	-	-	15,68
Tesouro Prefixado com Juros Semestrais	01/01/2021	4,36	3,29	5,44	3,65	-	15,51
Tesouro Prefixado	01/01/2019	3,87	-	-	-	15,18	15,24
Tesouro Prefixado	01/01/2018	2,98	3,56	5,24	9,67	-	14,61
Tesouro Prefixado	01/01/2017	1,57	2,24	[illegible]	11,96	-	14,15
Tesouro Prefixado com Juros Semestrais	01/01/2017	1,54	2,21	[illegible]	12,12	-	14,18
Indexados à Taxa Selic							
Tesouro Selic	01/03/2021	0,91	0,80	1,76	-	0,00	0,04
Tesouro Selic	07/03/2017	1,09	0,98	1,94	13,58	-	0,02
Indexados ao IGP-M							
Tesouro IGPM+ com Juros Semestrais	01/01/2031	4,23	1,60	4,44	11,62	-	7,16
Tesouro IGPM+ com Juros Semestrais	01/04/2021	3,26	2,56	5,66	16,96	-	6,69
Tesouro IGPM+ com Juros Semestrais	01/07/2017	1,23	2,57	3,67	18,45	-	6,37
Indexados ao IPCA							
Tesouro IPCA+ com Juros Semestrais	15/08/2050	3,79	-1,53	[illegible]	3,17	7,29	7,39
Tesouro IPCA+ com Juros Semestrais	15/05/2045	4,00	-0,51	[illegible]	3,86	-	7,40
Tesouro IPCA+ com Juros Semestrais	15/05/2035	4,44	-0,34	3,09	6,26	7,26	7,34
Tesouro IPCA+	15/05/2035	6,97	-4,23	0,73	-4,92	7,43	7,51
Tesouro IPCA+ com Juros Semestrais	15/08/2026	3,73	-	-	-	7,05	7,13
Tesouro IPCA+	15/08/2024	3,79	0,52	[illegible]	9,65	7,13	7,19
Tesouro IPCA+ com Juros Semestrais	15/08/2024	3,03	1,28	[illegible]	12,00	-	7,11
Tesouro IPCA+ com Juros Semestrais	15/08/2020	2,35	3,68	5,85	16,68	-	6,46
Tesouro IPCA+	15/05/2019	1,62	4,37	6,10	17,48	6,20	6,24
Tesouro IPCA+ com Juros Semestrais	15/05/2017	0,96	2,22	3,22	16,99	-	6,41

Repare que essa é uma tabela que tirei do site do TD no final de fevereiro de 2016. Então, vamos nos ater ao campo Mês Anterior (jan/2016), que é o nosso foco de análise, conforme a situação que lhe expliquei.

Observe, primeiramente, o título **Tesouro Prefixado / LTN** com vencimento para **01/01/2019 (seta 1)**, o mais curto título prefixado à venda naquele momento, já que as LTNs com vencimento em 2017 e 2018 já haviam sido retiradas de venda pelo TD nessa época. (Observação: esse é um procedimento de praxe do Tesouro Nacional, pois quando um título público vai ficando curtinho demais, o TD faz a sua substituição por um título similar, da mesma categoria, porém um pouco mais longo.) Note que há um traço para esse título na coluna *Mês Anterior*: isto porque ele começou a ser posto à venda depois de já iniciado o mês de jan/2016, substituindo o anterior com vencimento para 2018, que deixou de ser negociado a partir desse mês (o Tesouro Prefixado / LTN com vencimento para 2017 já não era mesmo negociado havia tempos.) Por isso o traço, mas sem problemas: basta olhar na coluna à esquerda, que traz os *Últ. 30 dias*.

Repare na incrível valorização de 3,87% em apenas um mês, quando se poderia esperar algo pouco superior a 1% (pela taxa Selic corrente à época de 1,12% ao mês)! Mas por quê? Ora, porque, se naquele momento o mercado acreditava mesmo que o governo passaria a reduzir os juros básicos a partir desse ponto, isto favoreceria muito os títulos prefixados, que teriam sido lançados antes, em um momento de taxas melhores, portanto pagando mais.

Tal raciocínio fez com que esse tipo de título fosse muito cobiçado pelo mercado naquele mês de jan/2016, apresentando uma excepcional rentabilidade mensal de mais de três vezes o esperado conforme a maturação natural do título. Isso, para o aplicador que tivesse comprado o título no começo do mês e vendido precocemente (antecipadamente) no final do mês. Viu só como *variou bastante* a rentabilidade desse título para quem o transacionou fora do seu vencimento? Olhando por esse prisma, essa aplicação se revelou, na realidade, de renda variável, apesar de envolver um título de renda fixa. Mas e quanto aos demais dois tipos principais de títulos públicos do Tesouro Direto? Como eles se comportaram nesse mesmo mês? Você verá que a variação também foi intensa!

Veja, logo algumas linhas abaixo, na mesma tabela, o título **Tesouro Selic / LFT** com vencimento para **01/03/2021 (seta 2)**, o mais curto dos títulos pós-fixados então à venda no Tesouro Direto. Sua rentabilidade acumulada de ponta a ponta em jan/2016 foi de apenas 0,80%, bem abaixo do 1,12% creditado em rentabilidade mensal fixa para quem manteve sua posição nesse título ao longo desse mês, sem transacioná-lo, apenas segurando-o em sua carteira de investimentos rumo ao seu vencimento natural em 2021. E por quê? Com a surpreendente sinalização de interrupção (ou reversão) naquele momento da tendência de alta dos juros básicos, os títulos do tipo pós-fixado como esse perderam atratividade diante dos prefixados; pelo menos naquele instante de leitura do mercado. A demanda por esses títulos caiu acentuadamente naquele mês e sua remuneração foi lançada para baixo com relação a sua proposta original de remuneração. Mais uma vez: a aplicação que era para ser de renda fixa... variou!

Não foi diferente com os títulos do tipo **Tesouro IPCA+ / NTNB Principal** com vencimento para **15/05/2019 (seta 3)**, os papéis de remuneração híbrida (pré + pós) mais curtos negociados no Tesouro Direto naquele mês de jan/2016. Conforme sua curva natural de maturação, eles também estariam remunerando algo pouco superior a 1% naquele mês, mas tiveram valorização de inacreditáveis 4,37% para quem os comprou no último dia útil de dezembro e os vendeu no último dia útil de janeiro.

Qual a explicação para esse fenômeno? Os títulos Tesouro IPCA+ oferecem como rentabilidade o que der a inflação (pelo IPCA do IBGE), e mais um tanto prefixado. Com a mudança vislumbrada pelo mercado no posicionamento do Copom, os investidores interpretaram que a inflação poderia disparar (devido ao controle mais frouxo da política monetária), o que tornou esses títulos, com sua proteção inflacionária, grandemente atraentes, muito demandados e, portanto, expressivamente valorizados nas transações de ponta a ponta no mês. Mais uma vez, o que era fixo (e continuou sendo para quem não vendeu suas NTNBS Principais naquele mês) tornou-se variável (para quem as transacionou no mês).

Por fim, para fixarmos bem este aprendizado, note o título do tipo **Tesouro IPCA+ / NTNB Principal** com vencimento para **15/05/2035 (seta 4)**, na tabela, algumas linhas acima do último que analisamos. Muito curiosamente esse título teve queda de abruptos -4,23% no ponta a ponta de jan/2016. Aí creio que você poderá ter ficado intrigado: como, se as NTNBS Principais mais curtas se valorizaram tanto? É... o mercado tem sua peculiar racionalidade para todo o tipo de movimento. Assim, como as NTNBS Principais para 2019 foram intensamente cobiçadas, diversos investidores se desfizeram de suas irmãs mais duradouras (maduras somente para 2035) para liberar caixa, seguindo o raciocínio de que no curto/médio prazo (dali para três anos) a inflação dispararia, mas voltaria aos eixos no longo prazo (quase vinte anos depois). Isso tiraria posição dos títulos mais longos em favor dos mais curtos e geraria perdas a quem comprou esses títulos híbridos longos no finalzinho de dezembro e os vendeu no finalzinho de janeiro!

Puxa, onde já se viu perder dinheiro ao investir em uma aplicação de renda fixa? Será que todo aplicador do Tesouro Direto estaria correndo um risco absurdo desses sem saber? Você já não tem essa dúvida: vimos que, conforme a lógica do mercado, um movimento como esse é perfeitamente possível de ocorrer com qualquer título negociado por meio do Tesouro Direto em qualquer mês. Mas não se trata de um fenômeno que aflige *todos* os aplicadores, só aqueles que desejarem especular com os títulos públicos (o que é arriscado e, talvez, desnecessário para você, investidor multiplicador).

Especular com títulos é para o *alavancador*, não para o aplicador de perfil *multiplicador*

Nenhum dos fenômenos que acabamos de analisar afetou quem comprou e manteve esses títulos públicos em sua carteira de aplicações, independente de quaisquer flutuações em seu valor a mercado que possam ter ocorrido durante o mês.

Poderíamos seguir analisando ocorridos dessa natureza com outros títulos do Tesouro Direto em outros momentos (há vários deles, bem curiosos), mas todos os casos de "perda" no TD nos levariam à mesma moral da história: para o investidor *alavancador*, um título do Tesouro Direto pode acabar sendo de *renda variável*, bastando negociá-lo antes do final de seu prazo natural de maturação. Já para o investidor *multiplicador*, quaisquer títulos da dívida pública serão sempre de *renda fixa*, com perfil de risco absolutamente conservador, pagando-lhe exatamente o que havia sido contratado no momento da aplicação: faça chuva, faça sol (enquanto a DPF do país oferecer solidez).

Agora é hora de lembrar que investir por si só não tem a menor graça: só se investe o dinheiro que se poupa, só se poupa o dinheiro que não se gasta, e o que tem graça é *gastar o dinheiro* — a única forma de extrair dele o padrão de qualidade de vida que desejamos ter! É para isso que trabalhamos e ganhamos. Se for investir só por investir, a coisa fica desestimulante ou talvez até pior: para o "jogo do mercado financeiro" ficar excitante, o aplicador acabará indo atrás de operações com promessa de rentabilidade exuberante e sedutora, mas que costumam resultar em amargas perdas e frustração.

Quem vive do salário ou dos suados ganhos de seu negócio próprio simplesmente não pode dar a seu dinheiro um destino arriscado desses. Porém, é claro que investir com diligência e dinamismo é preciso, porque todos nós cultivamos grandes sonhos que, por seu valor elevado, não cabem no orçamento de um único mês e precisam do reforço dos juros ganhos. Nossos maiores sonhos de compra e consumo têm de ser parcelados, distribuídos por um determinado número de meses (prazo de realização) que torne o esforço poupador viável, e precisam ser bem rentabilizados, fortalecendo-se com o ganho de juros compostos. O desafio é transformar um grande sonho em uma mensalidade que caiba em nossa capacidade de poupança mensal e seguir aplicando-a mês a mês, agregando a ela a tão desejada RLRA diferenciada dos investimentos mais dinâmicos em títulos públicos!

Aqueles R$ 18 mil a serem gastos na *viagem internacional* dos seus sonhos são algo bastante pesado; mas distribuir isso em 24 mensalidades de R$ 750 já é bem mais viável. Direcionando a mensalidade para uma boa aplicação, os juros ganhos sobre juros ajudarão a conquistar seu sonho mais rápido e com menor sacrifício, promovendo a multiplicação do capital investido. Aqueles R$ 750 aplicados em títulos públicos, rendendo 1,10% ao mês, resultarão em quase R$ 20,5 mil após dois anos — cerca de R$ 2,5 mil a mais para gastar com suas compras no exterior! Que tal?

Os títulos do Tesouro Direto podem ser excelentes opções para quem tiver bons planos de investimentos e conhecer exatamente seu *prazo de realização*. Nesse caso poderá ser feito o casamento adequado com o *prazo de maturação* do título público mais apropriado para seu perfil/plano. Assim, será desnecessário vender antes da hora, o que anulará a ameaça de transformar em uma arriscada aplicação de renda variável aquele investimento que deveria ser conservador na segurança e dinâmico na rentabilidade.

SÍNTESE DO APRENDIZADO ATÉ ESTE PONTO DO LIVRO

Veja a seguir uma síntese do quanto você já aprendeu até aqui sobre como tornar-se um *investidor multiplicador* — ou seja, aquele aplicador que está determinado a batalhar por ganhos mais dinâmicos, ao mesmo tempo em que não se mostra disposto a abrir mão de um elevado nível de segurança, investindo em títulos públicos via Tesouro Direto!

CAPÍTULO 1

O que faz o dinheiro aplicado crescer e se multiplicar para valer, inclusive de forma bastante diferenciada nas aplicações dinâmicas (como os títulos públicos do Tesouro Direto), é somente a **Rentabilidade Líquida Real Acumulada (RLRA)**. Portanto, é indispensável para o aplicador multiplicador tomar os seguintes cuidados:

- avaliar o impacto do **IR cobrado** sobre as diferentes aplicações;
- conhecer direito as **taxas incidentes** em cada uma;
- calcular o desgaste da **inflação** no poder aquisitivo do dinheiro;
- valorizar o efeito multiplicador dos **juros acumulados** nos anos.

CAPÍTULO 2

As **aplicações financeiras conservadoras** são definidas por cinco importantes *qualidades*, e você encontrará uma excelente combinação de todas elas nos títulos públicos oferecidos através do Tesouro Direto:

- **Rentabilidade**: diferenciada e dinâmica;
- **Acessibilidade**: a maior do mercado (igual à da poupança);
- **Risco**: elevada segurança = conservadorismo;
- **Liquidez**: elevadíssima (diária);
- **Prazo de maturação**: do médio ao longuíssimo prazo.

Seu perfil psicológico de investidor isoladamente não define o aplicador que você é, muito menos o investidor dinâmico que deseja ser! Você deve, então, buscar **seu verdadeiro perfil de investidor multiplicador** conforme cada plano que tenha, para cada um de seus sonhos, respeitando sempre as suas *necessidades* e as suas *possibilidades* em cada caso (buscando o que é bom *para você*):

- **Possibilidades**:
    - **disponibilidade de acompanhamento**: naturalmente baixa...
    - **capacidade de poupança mensal**: qual é seu melhor número?

- **Necessidades**:
    - **prazo de realização**: quanto tempo para cada sonho?
    - **meta de acumulação**: quanto acumular em cada plano?

CAPÍTULO 3

Como você pretende conquistar seus principais sonhos de compra e consumo? Pode ser pagando pesados juros em pesadas (e arriscadas!) dívidas. Ou... poupando e aplicando em títulos públicos e ganhando juros sobre juros. Desse modo você baterá muito mais rápido (e com maior segurança!) sua meta de acumulação, e conseguirá realizar seu sonho comprando com desconto ao pagar à vista!

Para abandonar a via das dívidas destruidoras do seu poder aquisitivo e adotar de vez a dos investimentos dinâmicos — ou seja, para dar essa importante virada rumo à prosperidade sustentável e duradoura —, siga **O Plano Da Virada® | Traçar Planos de Investimentos:**

- Apure o preço de mercado = sua meta de acumulação;
- Encontre o prazo de realização factível do seu sonho;
- Corrija o preço do sonho de acordo com a inflação;
- Garimpe as aplicações financeiras de melhor RLRA;
- Compare-as pelo esforço poupador & investidor;
- Compare a via da dívida ao esforço em cada aplicação;

- Compare as aplicações e priorize a mais dinâmica;
- Ajuste seu plano e encaixe-o no orçamento mensal;
- Trace um plano específico para cada sonho;
- Acompanhe seu plano e monitore seu desempenho.

CAPÍTULO 4

O **prazo** é o senhor da razão financeira para quem quer ganhar mais com segurança. O **prazo de realização** traçado para cada sonho lhe indicará a melhor aplicação, conforme o **prazo de maturação** de cada uma delas. Existem **cinco faixas de prazos indicadas** para o enquadramento das diferentes aplicações financeiras conservadoras em nosso país, e encontramos, no Tesouro Direto, diferentes opções de títulos públicos para atender satisfatoriamente a planos em cada uma dessas faixas (e mais marcadamente a partir do médio prazo):

- **Curtíssimo prazo (CCP)**: até 12 meses (um ano);
- **Curto prazo (CP)**: de 13 a 24 meses (entre um e dois anos);
- **Médio prazo (MP)**: de 25 a 60 meses (entre dois e cinco anos);
- **Longo prazo (LP)**: de 61 a 120 meses (entre cinco e dez anos);
- **Longuíssimo prazo (LLP)**: acima de 120 meses (mais de dez anos).

CAPÍTULO 5

Fazer a **abertura de sua conta corrente** em uma *corretora de valores on-line* é muito mais fácil que abrir uma conta em um banco. Não leva nem meia hora e pode ser feito 100% de casa ou do escritório com muita segurança, conforto e praticidade. Além disso, a abertura não tem custo algum e também não há nenhuma cobrança para manter sua conta aberta.

Então, não deixe que o preconceito ("é complicado" / "é demorado" / "é caro") ou a procrastinação ("agora não vai dar" / "depois eu faço") o impeça de abrir sua conta e passar a fazer investimentos dinâmicos em títulos públicos. Quer mesmo prosperar? Então não vá trair seus próprios interesses...

CAPÍTULO 6

Os títulos da **Dívida Pública Federal** brasileira, negociados no Tesouro Direto, são papéis de elevada *segurança*, conforme a *solidez* da DPF. Apesar de estar crescendo mais aceleradamente do que o recomendável neste momento, nossa dívida pública é relativamente *pequena*, *bem distribuída*, *alongada* e *pouco exposta* às flutuações nas finanças globais.

Os títulos públicos do TD são aplicações conservadoras, porém com distintas características de *dinamismo*, dado o amplo leque de títulos disponíveis quanto à *métrica de rentabilização* (prefixados, pós ou híbridos), quanto ao *prazo de maturação* (que pode ser de apenas alguns anos ou de algumas décadas, sempre com liquidez diária), e quanto aos *valores investidos* (que, partindo de apenas R$ 30, podem chegar a vários milhões).

Chegou a hora de você fazer as escolhas específicas dos títulos que irá comprar

Agora que você já tem conhecimento dos fundamentos que conferem aos títulos públicos excelente segurança e ótima liquidez, está na hora de saber escolher — no detalhe — entre os melhores títulos para fechar sua decisão de aplicação e logo realizar suas compras pela internet.

CAPÍTULO 7

PAINEL PARA ESCOLHA RÁPIDA DOS MELHORES TÍTULOS DO TESOURO DIRETO

Resumo prático para tomar a decisão de qual o melhor título público para aplicar

Agora eu lhe apresento um painel de informações bem objetivas para fazermos a comparação direta entre os diferentes títulos públicos, com o objetivo de ajudar o *aplicador multiplicador* a definir sua escolha final entre os três principais grupos dos dez papéis disponíveis para compra no Tesouro Direto:

- **Prefixados.** Títulos que oferecem rentabilidade *prefixada*. Ou seja, no momento de sua compra, o investidor já fica sabendo exatamente a taxa de rentabilidade bruta (em geral informada em porcentagem acumulada ao ano) que irá ganhar, se decidir segurar esse título até seu vencimento, respeitando seu prazo de maturação natural. São três os prefixados do TD com prazo de maturação médio-longo:
    - **Tesouro Prefixado 2019 (LTN);**
    - **Tesouro Prefixado 2023 (LTN);**
    - **Tesouro Prefixado c/ Juros Semestrais 2027 (NTNF).**

- **Indexados à Taxa Selic.** Papéis que dão rentabilidade *pós-fixada*, ou seja, no momento da compra do título fica determinado (fixado) ao investidor que ele receberá no vencimento do título, em termos de rentabilidade bruta, o que der a taxa Selic acumulada no período entre a compra e a data de vencimento (durante o prazo de maturação). Não se sabe ainda, na hora do investimento, o quanto, precisamente, isso será... mas se tem conhecimento que o referencial (o indexador) será a Selic. O TD apresenta um único (porém interessante) título indexado à taxa Selic, com prazo de maturação médio-longo:
  - **Tesouro Selic 2021 (LFT).**

- **Indexados ao IPCA.** Estes títulos têm uma natureza híbrida na sua métrica de rentabilização que se dá com a soma de dois lados: 1) parte da rentabilidade é totalmente *prefixada*, pois o investidor fica conhecendo já no ato da compra a rentabilidade bruta (informada em porcentagem ao ano) que irá ganhar se segurar o título até seu vencimento; 2) a outra parte é *pós-fixada*, pois o título pagará o quer der a inflação do IPCA — Índice de Preços ao Consumidor Amplo (IBGE) — acumulada entre a data da compra e a data do vencimento do título (durante seu prazo natural de maturação após a compra). Os híbridos do TD são seis, com prazos de maturação bem elásticos:
  - **Tesouro IPCA+ 2019 (NTNB Principal);**
  - **Tesouro IPCA+ 2024 (NTNB Principal);**
  - **Tesouro IPCA+ c/ Juros Semestrais 2026 (NTNB);**
  - **Tesouro IPCA+ c/ Juros Semestrais 2035 (NTNB);**
  - **Tesouro IPCA+ 2035 (NTNB Principal);**
  - **Tesouro IPCA+ c/ Juros Semestrais 2050 (NTNB).**

Tomando por base a caderneta de poupança com sua remuneração mensal de 0,65%, supondo inflação projetada de 0,65% ao mês e considerando uma taxa Selic próxima de 14% ao ano, apuramos que esses títulos públicos têm potencial para pagar a seus aplicadores:

- RLNM **(Rentabilidade Líquida Nominal Mensal)**:
  sem *Imposto de Renda* ou *taxas*, mas ainda com a *inflação*
  0,85% a **1,05%** (X 0,65% das aplicações convencionais)
- RLRM **(Rentabilidade Líquida Real Mensal)**:
  sem *Imposto de Renda* ou *taxas*, e já descontada a *inflação*
  0,20% a **0,40%** (X 0% das aplicações convencionais)
- RLRA **(Rentabilidade Líquida Real Acumulada)**:
  sem *Imposto de Renda*, já descontada a *inflação*, e *acumulada* os meses e anos
  EM **DOIS** ANOS: 5% a 10%
  EM **CINCO** ANOS: 13% a 27%
  EM **DEZ** ANOS: 27% a 61%
  EM **VINTE** ANOS: 49% a 161% (o capital pode dobrar!)
  EM **TRINTA** ANOS: 105% a 221% (o capital pode triplicar!)

Gostou do potencial multiplicador desses dez títulos públicos? Aproveitá-lo a seu favor não é nada complicado: neste capítulo você encontrará algumas dicas práticas para promover o melhor casamento entre seus planos e suas aplicações em títulos públicos, além de dicas de como resolver com tranquilidade pequenos problemas ou desafios com os quais você poderá se deparar em seu dia a dia como investidor do Tesouro Direto.

Tesouro Prefixado & Tesouro Prefixado com Juros Semestrais: principais pontos para uma escolha rápida

Os chamados títulos **TESOURO PREFIXADO**, nome fantasia pelo qual os títulos das **Letras do Tesouro Nacional (LTNs)** e das **Notas do Tesouro Nacional da Série F (NTNFs)** são apresentados no Tesouro Direto. Conforme sua designação técnica pelo emissor — o Tesouro Nacional —, esses são títulos que têm uma natureza híbrida na sua métrica de rentabilização que se dá com a soma de dois lados: 1) parte da rentabilidade é totalmente *prefixada*, pois o investidor fica conhecendo já no ato da compra a rentabilidade bruta (informada em porcentagem ao ano) que irá ganhar se segurar esse título até seu vencimento; 2) a outra parte é *pós-fixada*, pois o título pagará o que der a inflação do IPCA — Índice de Preços ao Consumidor Amplo (IBGE) — acumulada entre a data da compra e a data do vencimento do título (durante seu prazo natural de maturação após a compra).

Assim, conforme sua **métrica de rentabilização**, esses títulos públicos são especialmente recomendados para o investidor que deseja **aproveitar os elevados juros vigentes**, acreditando, portanto, em uma possível queda futura dos juros básicos brasileiros (taxa Selic). Como vimos, esses títulos oferecem **rentabilidade bastante diferenciada** diante das modalidades comparáveis de aplicações mais convencionais, como a caderneta de poupança, os FIFS Renda Fixa e os CDBS prefixados.

Quanto ao **prazo de maturação**, partindo da disponibilidade desses títulos no canal do Tesouro Direto em meados de 2016, observamos que eles apresentavam três possibilidades bem distintas de horizontes de aplicação, ficando no início da faixa de *médio prazo* (dois a cinco anos) e do começo ao final da faixa de *longo prazo* (cinco a dez anos):

- **Prefixado 2019** (vencimento em 01/01/19) => **2,5 anos;**
- **Prefixado 2023** (vencimento em 01/01/23) **=> 6,5 anos;**
- **Prefixado c/ Juros Semestrais 2027** (vencimento em 01/01/27) **=> 10,5 anos.**

Quanto aos **sonhos que casam melhor** com os títulos do tipo Tesouro Prefixado, em função dos prazos de maturação:

- **Prefixado 2019 (2,5 anos):** indicado para desejos mais rápidos, como acumular para seu casamento, juntar para trocar de carro, para fazer uma pequena reforma na casa ou poder realizar uma viagem dos sonhos ao exterior;

- **Prefixado 2023 (6,5 anos)** e **Prefixado c/ Juros Semestrais 2027 (10,5 anos):** recomendados para sonhos financeiramente mais desafiadores e mais esticados, como juntar para quitar a casa própria, pagar a faculdade de um filho que está hoje ingressando no ensino fundamental (aos sete anos), ou ainda comprar um terreno e construir ou então para dar uma boa entrada no financiamento de um segundo imóvel.

No tocante ao **valor do título para compra**, considerando tanto o *título inteiro* quanto a *menor fração* adquirível, no início de 2016 tínhamos o seguinte painel:

- **Prefixado 2019** => R$ 660 inteiro **(5% = R$ 33 mínimo*);**
- **Prefixado 2023** => R$ 360 inteiro **(9% = R$ 32,40 mínimo*);**
- **Prefixado c/ Juros Semestrais 2027** => R$ 710 inteiro **(5% = R$ 35,50 mínimo*).**

Observe que quase idênticos aos títulos do tipo Tesouro Prefixado (LTN) são os papéis do tipo Tesouro Prefixado com Juros Semestrais (NTNF). Eles são praticamente iguais em tudo, mas as NTNFS pagam os juros devidos pelo título a cada seis meses. Por isso são mais indicadas, por exemplo, para quem já está aposentado e precisa **gerar um fluxo de renda contínuo** (resgate de juros periódico), no caso, semestral. Essa conveniência funciona muito bem para quem tem um certo valor para aplicar, quer receber juros periodicamente e não se importa de recuperar na data da maturação do título apenas o capital original nele aplicado (sem juros ou correção). (Observação: se não deseja gastar os juros semestrais creditados, o aplicador pode contar com a alternativa de reaplicação automática desses valores.)

* A compra mínima no Tesouro Direto é de R$ 30, sendo possível adquirir de 1% em 1% de cada título a partir desse valor mínimo.

Tesouro IPCA+ & Tesouro IPCA+ com Juros Semestrais: principais pontos para uma escolha rápida

Os chamados títulos **TESOURO IPCA+**, nome popular pelo qual os títulos das **Notas do Tesouro Nacional da Série B (NTNBS)** são encontrados no Tesouro Direto, conforme sua especificação técnica pelo emissor — o Tesouro Nacional —, são títulos que oferecem rentabilidade *prefixada*. Isso quer dizer que, no momento de sua compra, o investidor já fica sabendo exatamente a taxa de rentabilidade bruta (normalmente informada em porcentagem acumulada ao ano) que irá ganhar se decidir segurar esse título até seu vencimento, respeitando seu prazo de maturação natural.

Conforme sua **métrica de rentabilização**, esses títulos públicos são especialmente indicados ao investidor que deseja **proteger-se da elevação da inflação brasileira nos próximos anos**, supondo que ela sofrerá um processo de *aceleração* (ou, pelo menos, que não sofrerá desaceleração, partindo do patamar já elevado em que hoje se encontra). Como vimos, esses títulos oferecem **rentabilidade bastante diferenciada** diante das modalidades mais convencionais de aplicações comparáveis a eles, como a caderneta de poupança, os FIFS, os CDBS, as LCAS e as LCIS.

Quanto ao **prazo de maturação**, partindo da disponibilidade dos títulos no canal Tesouro Direto em meados de 2016, observamos que eles apresentavam seis possibilidades bem elásticas de horizontes de aplicação, ficando no início da faixa de *médio prazo* (dois a cinco anos), mais para o final da faixa de *longo prazo* (cinco a dez anos), e com opções bem interessantes para a faixa do *longuíssimo prazo* (acima de dez anos):

- **IPCA+ 2019** (vencimento em 15/05/19) => **três anos;**
- **IPCA+ 2024** (vencimento em 15/08/24) => **oito anos;**
- **IPCA+ c/ Juros Semestrais 2026** (vencimento em 15/08/26) => **dez anos;**
- **IPCA+ c/ Juros Semestrais 2035** (vencimento em 15/05/35) => **19 anos;**
- **IPCA+ 2035** (vencimento em 15/05/35) => **19 anos;**
- **IPCA+ c/ Juros Semestrais 2050** (vencimento em 15/08/2050) => **34 anos.**

Quanto aos **sonhos que casam melhor** com os títulos do tipo Tesouro IPCA+, em função dos prazos de maturação:

- **IPCA+ 2019 (três anos):** indicado para desejos mais acelerados, como acumular para seu casamento, para trocar de carro, para fazer uma pequena reforma na casa ou poder realizar uma viagem dos sonhos ao exterior;
- **IPCA+ 2024 (oito anos)** e **IPCA+ c/ Juros Semestrais 2026 (dez anos):** recomendados para sonhos financeiramente mais desafiadores e mais esticados, como juntar para quitar a casa própria, pagar a faculdade de um filho que está hoje ingressando no ensino fundamental (aos sete anos), comprar um terreno e construir ou então para dar uma boa entrada no financiamento de um segundo imóvel;
- **IPCA+ c/ Juros Semestrais 2035 (19 anos)** ou **IPCA+ 2035 (19 anos)** ou ainda **IPCA+ c/ Juros Semestrais 2050 (34 anos):** esses títulos de longuíssimo prazo são perfeitos para o planejamento da aposentadoria!

No tocante ao **valor do título para compra**, considerando tanto o *título inteiro* quanto a *menor fração* adquirível, no início de 2016 tínhamos o seguinte painel:

- **IPCA+ 2019** => R$ 2.300 inteiro **(2% = R$ 46 mínimo*);**
- **IPCA+ 2024** => R$ 1.530 inteiro **(2% = R$ 30,60 mínimo*);**
- **IPCA+ c/ Juros Semestrais 2026** => R$ 2.620 inteiro **(2% = R$ 52,40 mínimo*);**
- **IPCA+ c/ Juros Semestrais 2035** => R$ 2.450 inteiro **(2% = R$ 49 mínimo*);**
- **IPCA+ 2035** => R$ 690 inteiro **(5% = R$ 34,50 mínimo*);**
- **IPCA+ c/ Juros Semestrais 2050** => R$ 2.420 inteiro **(2% = R$ 48,40 mínimo*).**

* A compra mínima no Tesouro Direto é de R$ 30, sendo possível adquirir de 1% em 1% de cada título a partir desse valor mínimo.

Observe que, quase idênticos aos títulos do tipo Tesouro IPCA+ (NTNB Principal) são os papéis do tipo Tesouro IPCA+ com Juros Semestrais (NTNB). Na prática, eles são iguais em todas as características, exceto em uma: as NTNBS (as "*simples*", não as *principais*) pagam os juros devidos pelo título a cada seis meses. Por isso são mais indicadas, por exemplo, para quem já está aposentado e precisa **gerar um fluxo de renda contínuo** (resgate de juros periódico), no caso, semestral. Essa possibilidade é muito interessante para quem tem um determinado valor para investir, deseja receber juros periodicamente e não vê problema em recuperar na data da maturação apenas o investimento inicial corrigido pelo IPCA. (Observação: se não deseja consumir os juros semestrais pagos, o investidor tem a opção de sua reaplicação automática.)

Tesouro Selic: principais pontos para uma escolha rápida

Os chamados títulos **TESOURO SELIC,** nome fantasia pelo qual os títulos das **Letras Financeiras do Tesouro (LFTS)** são encontrados no Tesouro Direto, conforme sua designação técnica dada pelo Tesouro Nacional (o emissor do papel), são títulos que dão rentabilidade *pós-fixada*. Ou seja, no momento da compra do título fica determinado (fixado) ao investidor que ele receberá no vencimento do título, em termos de rentabilidade bruta, o que der a taxa Selic acumulada no período entre a compra e a data de vencimento (durante o prazo de maturação). Não se sabe ainda, na hora do investimento, o quanto, precisamente, isso será... mas se tem conhecimento que o referencial (o indexador) será a Selic.

Dessa forma, de acordo com sua **métrica de rentabilização**, esses títulos públicos são especialmente recomendados para o investidor que deseja **aproveitar a provável elevação dos juros básicos no futuro**. Como vimos, esses títulos oferecem **rentabilidade bastante diferenciada** diante das modalidades comparáveis de aplicações mais convencionais, como a caderneta de poupança, os FIFS DI e os CDBS pós-fixados.

Quanto ao **prazo de maturação**, partindo da disponibilidade desses títulos no canal Tesouro Direto em meados de 2016, observamos que temos uma única oferta, que fica no início da faixa de *médio prazo* (dois a cinco anos) e do começo ao final da faixa de *longo prazo* (cinco a dez anos):

- **Selic 2021** (vencimento em 01/03/21) => quase **cinco anos.**

Quanto aos **sonhos que casam melhor** com os títulos do tipo Tesouro Selic, em função dos prazos de maturação:

- **Selic 2021 (quase cinco anos):** recomendado para sonhos financeiramente mais desafiadores e mais esticados, como juntar para quitar a casa própria, pagar a faculdade de um filho que está hoje ingressando no ensino fundamental (aos sete anos), comprar um terreno e construir ou então dar uma boa entrada no financiamento de um segundo imóvel.

No tocante ao **valor do título para compra**, considerando tanto o *título inteiro* quanto a *menor fração* adquirível, no início de 2016 tínhamos a seguinte oferta:

- **Selic 2021** => R$ 7.500 inteiro **(1% = R$ 75 mínimo*)**

Rentabilidade do Tesouro Direto: conheça a tabela e saiba interpretá-la

Se deseja acompanhar a rentabilidade dos títulos públicos conforme negociados no mercado secundário, vá ao site do Tesouro Direto e, uma vez na página principal, clique em **TÍTULOS À VENDA** e, em seguida, em

* A compra mínima no Tesouro Direto é de R$ 30, sendo possível adquirir de 1% em 1% de cada título a partir desse valor mínimo.

RENTABILIDADE DOS TÍTULOS À VENDA. Eis aqui a tabela que você verá em sua tela (apenas, naturalmente, com dados atualizados para a data da sua consulta):

Rentabilidade do Tesouro Direto - Posição em 26/02/2016

As taxas apresentadas aqui referem-se à rentabilidade em caso de venda antecipada. Os títulos mantidos até sua data de vencimento têm garantida a rentabilidade contratada. Por fim, rentabilidade passada não é garantia de rentabilidade futura.

Títulos	Vencimento	Rentabilidade Bruta (%)				Taxa do Dia (% ao ano)	
		Últ. 30 dias	Mês Anterior	No Ano	12 Meses	Compra	Venda
Prefixados							
Tesouro Prefixado com Juros Semestrais	01/01/2027	5,36	-	-	-	16,00	16,06
Tesouro Prefixado com Juros Semestrais	01/01/2025	5,27	2,85	4,84	-2,08	-	15,88
Tesouro Prefixado	01/01/2023	5,53	-	-	-	15,83	15,89
Tesouro Prefixado com Juros Semestrais	01/01/2023	5,05	3,11	5,37	0,42	-	15,70
Tesouro Prefixado	01/01/2021	4,53	3,88	5,72	-	-	15,68
Tesouro Prefixado com Juros Semestrais	01/01/2021	4,36	3,29	5,44	3,65	-	15,51
Tesouro Prefixado	01/01/2019	3,87	-	-	-	15,18	15,24
Tesouro Prefixado	01/01/2018	2,98	3,56	5,24	9,67	-	14,61
Tesouro Prefixado	01/01/2017	1,57	2,24	3,38	11,96	-	14,15
Tesouro Prefixado com Juros Semestrais	01/01/2017	1,54	2,21	3,32	12,12	-	14,18
Indexados à Taxa Selic							
Tesouro Selic	01/03/2021	0,91	0,80	1,76	-	0,00	0,04
Tesouro Selic	07/03/2017	1,09	0,98	1,94	13,58	-	0,02
Indexados ao IGP-M							
Tesouro IGPM+ com Juros Semestrais	01/01/2031	4,23	1,60	4,44	11,62	-	7,16
Tesouro IGPM+ com Juros Semestrais	01/04/2021	3,26	2,56	5,66	16,96	-	6,69
Tesouro IGPM+ com Juros Semestrais	01/07/2017	1,23	2,57	3,67	18,45	-	6,37
Indexados ao IPCA							
Tesouro IPCA+ com Juros Semestrais	15/08/2050	3,79	-1,53	0,96	3,17	7,29	7,39
Tesouro IPCA+ com Juros Semestrais	15/05/2045	4,00	-0,51	2,11	3,86	-	7,40
Tesouro IPCA+ com Juros Semestrais	15/05/2035	4,44	-0,34	3,09	6,26	7,26	7,34
Tesouro IPCA+	15/05/2035	6,97	-4,23	0,73	-4,92	7,43	7,51
Tesouro IPCA+ com Juros Semestrais	15/08/2026	3,73	-	-	-	7,05	7,13
Tesouro IPCA+	15/08/2024	3,79	0,52	4,31	9,65	7,13	7,19
Tesouro IPCA+ com Juros Semestrais	15/08/2024	3,03	1,28	4,33	12,00	-	7,11
Tesouro IPCA+ com Juros Semestrais	15/08/2020	2,35	3,68	5,85	16,68	-	6,46
Tesouro IPCA+	15/05/2019	1,62	4,37	6,10	17,48	6,20	6,24
Tesouro IPCA+ com Juros Semestrais	15/05/2017	0,96	2,22	3,22	16,99	-	6,41

Nessa tabela de rentabilidade do Tesouro Direto, logo na primeira coluna à esquerda (*Títulos*), temos os *quatro* tipos de títulos básicos do TD, com suas respectivas variações de datas de vencimento apresentadas na segunda coluna (*Vencimento*). Mas não seriam *três* grupos de títulos? Note que o conjunto de títulos **Indexados ao IGP-M** já não se encontra mais à venda no TD (embora quem os tenha comprado no passado possa contar com a certeza de que serão pagos, em seu vencimento, exatamente nas condições pactuadas em sua compra). Repare também que, nos três demais grupos ativos, há títulos que não são mais oferecidos para compra; aqueles que aparecem com um traço na coluna *Compra*.

Por isso esses títulos não serão mostrados na tela de compra do site de sua corretora, tela que será mais compacta, pois ela somente lhe oferece os títulos para compra *no momento* (para evitar mal-entendidos).

Faço aqui um importante alerta: os dados dessa tabela sobre *rentabilidade bruta a mercado* dos títulos do Tesouro nos últimos trinta dias, no mês anterior, acumulada no ano e acumulada nos últimos 12 meses, *não devem ser de grande interesse para o investidor multiplicador*.

Lembre-se de que o aplicador dinâmico deve comprar títulos públicos visando carregá-los até seu vencimento. Seu objetivo não deve ser comercializar esses papéis de renda fixa a mercado fora de seu prazo de vencimento, pois, agindo assim, o investidor correrá o risco de ganhar menos do que esperava ou até chegar a perder algum dinheiro, como já expliquei antes.

Cuidado também com o seguinte: ao observar alguns números de rentabilidade negativa nessa tabela, você pode acabar — inadvertidamente — desanimando de investir no Tesouro Direto. Mas não se esqueça de que esses números infelizes (os que trazem sinal negativo e significam perda) só terão eventualmente afetado o bolso de alguns aplicadores *especuladores*, aqueles que negociaram os títulos públicos como ativos arriscados de renda variável, fora de sua vocação natural, que é serem ativos seguros de renda fixa, para serem colhidos no vencimento.

Selecionando títulos do Tesouro Direto para uma aplicação do *tipo ponta a ponta*

Se você está investindo em títulos do Tesouro Direto em uma **aplicação do tipo ponta a ponta**, com *um único depósito inicial* para resgatar o valor acumulado apenas na outra ponta — ou seja, na data de maturação natural do título escolhido —, a seleção do papel mais adequado para conseguir um ganho diferenciado sem abrir mão de segurança e liquidez é até bastante simples.

Vamos imaginar um aplicador que, em meados de 2016, já tivesse em mãos determinada quantia mais expressiva, digamos cerca de R$ 10 mil, e pudesse aplicar esse valor no **prazo de 2,5 anos**. Esse investidor chegaria a algo como R$ 15 mil se escolhesse o Tesouro Prefixado 2019 (vencimento em 01/01/2019), com ganho bruto acumulado de cerca de **50%**. Se, ainda dentro da faixa de médio prazo, pudesse esperar uns **três anos**, poderia atingir algo acima de R$ 16 mil ao optar pelo Tesouro IPCA+ 2019 (vencimento em 15/05/2019), com rentabilidade bruta acumulada de **60% ou mais**!

Rumando agora para o início do longo prazo, se este aplicador pudesse esperar quase **cinco anos**, encontraria no Tesouro Selic 2021 (vencimento em 01/03/2021) uma excelente opção, com chances de acumular uma rentabilidade bruta **entre 120% e 130%**, fazendo seus R$ 10 mil virarem algo como R$ 22 mil ou R$ 23 mil (brutos).

Mas o investimento dos R$ 10 mil poderia ainda ser concentrado no longuíssimo prazo, num horizonte de **dez anos**. Se este prazo de realização for possível conforme o plano de investimentos do aplicador, o Tesouro IPCA+ com Juros Semestrais 2026 oferece o prazo de maturação mais indicado (vencimento em 15/08/2026). Em 120 meses de aplicação, o valor investido poderia ultrapassar 400% de ganho bruto, transformando-se em capital superior a R$ 50 mil. Veja: esta soma estaria sujeita, ainda, à dedução de IR de 15% sobre o ganho de R$ 40 mil e mais a taxa de 0,30% ao ano da BM&FBOVESPA.

Por fim, poderíamos fazer diversos outros exercícios desses aqui, mas vamos logo ao prazo mais esticado do TD: imagine que o aplicador desejasse esperar **34 anos**. A melhor pedida nesse caso seria o Tesouro IPCA+ com Juros Semestrais 2050 (vencimento em 15/08/2050). O capital de R$ 10 mil, nesse caso, poderia chegar a algo como R$ 2,5 milhões! Assustou? Calma lá: daí teríamos de retirar a inflação, o IR de 15% sobre os ganhos e a taxa anual de 0,30%. Ainda assim, a RLRA (Rentabilidade Líquida Real Acumulada) em 34 anos poderia ser superior a **400%**, fazendo os R$ 10 mil iniciais quintuplicarem de uma ponta à outra, transformando-se em R$ 50 mil em termos *reais*! Isso, cá entre nós, é "mágica" para mago nenhum dos investimentos botar defeito (em se tratando de aplicação tão acessível, simples, líquida e segura)!

Selecionando títulos do Tesouro Direto para uma aplicação do *tipo mês a mês*

Quem deseja conquistar um grande sonho de compra e consumo e não tem o dinheiro pronto tem estas opões: 1) fazer uma nova dívida; 2) traçar um *plano de investimentos* para encontrar determinada mensalidade que, ao ser aplicada de maneira dinâmica, todos os meses ao longo prazo planejado, levará ao atingimento de uma meta de acumulação que permitirá a realização do sonho. Isso nós já vimos em detalhes.

Como leitor desta obra, tenho certeza de que você se encaixa nessa categoria de investidor multiplicador perene e persistente. Se você está investindo em títulos do Tesouro Direto conforme uma **aplicação do tipo mês a mês**, com *depósitos mensais frequentes*, visando resgatar o valor acumulado apenas na data de vencimento natural do título escolhido, a seleção do papel mais adequado para conseguir um ganho diferenciado sem abrir mão de segurança e liquidez também é bastante simples. Porém deve haver um cuidado adicional com relação à aplicação do tipo ponta a ponta. Na modalidade de aporte único, seu desafio será fazer a escolha do melhor título disponível no momento da compra e pronto: será só esperar seu vencimento e colher os resultados no prazo desejado.

Contudo, na aplicação mês a mês, embora o processo não deixe de ser parecido, o que acontece é que, com o passar do tempo, os títulos com vencimento mais curto vão ficando indisponíveis para compra. Desse modo, vão sendo retirados do mercado pelo Tesouro Nacional, o que complica um pouco (não tanto) a vida do aplicador mês a mês.

Até há uma lógica financeira saudável nesse procedimento: o Tesouro considera que, por causa da tributação mais elevada do imposto de renda (20% sobre os ganhos para prazo inferior a 12 meses e 22,5% para prazo inferior a seis meses), não há racionalidade financeira em aplicar nesses títulos para prazos tão curtos, inferiores a um ano. Isso porque seus ganhos acabam empatando com os das aplicações convencionais (ou a diferença a mais nem compensa). Assim, o Tesouro Nacional simplesmente deixa de oferecê-los.

Tudo bem, não seria o caso de comprá-los mesmo. Mas se você é um investidor mês a mês, não deixa de ter em mãos um pequeno problema prático: para onde direcionar a mensalidade do seu plano de investimento nos últimos 12 meses, quando já não houver nenhum título com vencimento compatível disponível para compra?

Na aplicação do tipo mês a mês, veja como fazer nos últimos 12 meses

Há duas saídas para o dilema que expus anteriormente: 1) passe a comprar o novo título do mesmo tipo com prazo mais próximo possível e venda-o a mercado no final do prazo de realização do seu sonho — ou seja, antes do prazo de maturação natural do novo título. Nessa hipótese, lembre-se de que você estaria se sujeitando às eventuais flutuações de preço do mercado (que não costumam ser muito grandes, mas podem existir); 2) direcione as mensalidades do último ano para a caderneta de poupança até o final do prazo de realização. Quando então vencerem os títulos públicos que você havia comprado nos primeiros meses/anos de aplicação, resgate o que terá acumulado neles e também o saldo da poupança, some tudo para juntar a meta de acumulação planejada... e realize seu sonho!

Um exemplo prático: acumulando uma reserva para trocar de carro

Imaginemos alguém que queira juntar R$ 30 mil para trocar de carro daqui a cinco anos. Fazendo um bom plano de investimentos, esse aplicador chegaria a uma mensalidade de R$ 457 (supondo RLRM de 0,30%). O esforço poupador e investidor total seria quase R$ 27,5 mil (= R$ 457 × 60 meses), mas ele resultaria em R$ 37,3 mil (*líquidos*, descontando IR e taxas, porém *nominais*, sem descontar a inflação) acumulados para daqui a cinco anos. Esse valor seria suficiente para repor a inflação e ainda garantiria, lá na ponta final, o equivalente aos R$ 30 mil em poder aquisitivo de hoje (valor *real*). Os juros ganhos no período seriam de quase R$ 10 mil (= R$ 37,3 mil – R$ 27,5 mil).

No caso de um plano como este, querendo aplicar em títulos do Tesouro Direto, o investidor deveria escolher destinar os R$ 457 mensais de seu plano para comprar frações de 0,06 (6%) do título Tesouro Selic 2021 (vencimento em 01/03/2021) por cerca de R$ 450 (o valor do título cheio em meados de 2016 era de aproximadamente R$ 7,5 mil).

Nos três primeiros anos, isso poderia ser feito. A partir daí, ficando esse Tesouro Selic 2021 indisponível, o que já estivesse aplicado nele seguiria aguardando sua maturação natural em 1º de março de 2021 e a mensalidade de aproximadamente R$ 450 seria destinada, por exemplo, à caderneta de poupança mesmo. A rentabilidade média com essa estratégia, embora afetada, ainda ficaria muito próxima dos 0,30% de RLRM (Rentabilidade Líquida Real Mensal) almejada, certamente acima dos 0,20% mínimos de RLRM que desejamos ganhar com investimentos dinâmicos no Tesouro Direto.

Lembre que um bom plano não precisa ser tão exato assim: basta que ele leve você bem próximo da sua meta de acumulação, porque, se faltar ou sobrar um pouco para realizar o sonho, um pequeno esforço pontual no fechamento resolverá a situação. Em minha experiência como *coach* financeiro, observo que as pessoas se estimulam a "raspar o tacho" quando chegam bem pertinho de "encher o pote"!

SÍNTESE DO APRENDIZADO ATÉ ESTE PONTO DO LIVRO

Veja a seguir uma síntese do quanto você já aprendeu até aqui sobre como tornar-se um *investidor multiplicador* — ou seja, aquele aplicador que está determinado a batalhar por ganhos mais dinâmicos, ao mesmo tempo em que não se mostra disposto a abrir mão de um elevado nível de segurança, investindo em títulos públicos via Tesouro Direto!

CAPÍTULO 1

O que faz o dinheiro aplicado crescer e se multiplicar para valer, inclusive de forma bastante diferenciada nas aplicações dinâmicas (como os títulos públicos do Tesouro Direto), é somente a **Rentabilidade Líquida Real Acumulada (RLRA)**. Portanto, é indispensável para o aplicador multiplicador tomar os seguintes cuidados:

- avaliar o impacto do **IR cobrado** sobre as diferentes aplicações;
- conhecer direito as **taxas incidentes** em cada uma;
- calcular o desgaste da **inflação** no poder aquisitivo do dinheiro;
- valorizar o efeito multiplicador dos **juros acumulados** nos anos.

CAPÍTULO 2

As **aplicações financeiras conservadoras** são definidas por cinco importantes *qualidades*, e você encontrará uma excelente combinação de todas elas nos títulos públicos oferecidos através do Tesouro Direto:

- **Rentabilidade**: diferenciada e dinâmica;
- **Acessibilidade**: a maior do mercado (igual à da poupança);
- **Risco**: elevada segurança = conservadorismo;
- **Liquidez**: elevadíssima (diária);
- **Prazo de maturação**: do médio ao longuíssimo prazo.

Seu perfil psicológico de investidor isoladamente não define o aplicador que você é, muito menos o investidor dinâmico que deseja ser! Você deve, então, buscar **seu verdadeiro perfil de investidor multiplicador** conforme cada plano que tenha, para cada um de seus sonhos, respeitando sempre as suas *necessidades* e as suas *possibilidades* em cada caso (buscando o que é bom *para você*):

- **Possibilidades**:
  - **disponibilidade de acompanhamento**: naturalmente baixa...
  - **capacidade de poupança mensal**: qual é seu melhor número?

- **Necessidades**:
  - **prazo de realização**: quanto tempo para cada sonho?
  - **meta de acumulação**: quanto acumular em cada plano?

CAPÍTULO 3

Como você pretende conquistar seus principais sonhos de compra e consumo? Pode ser pagando pesados juros em pesadas (e arriscadas!) dívidas. Ou... poupando e aplicando em títulos públicos e ganhando juros sobre juros. Desse modo você baterá muito mais rápido (e com maior segurança!) sua meta de acumulação, e conseguirá realizar seu sonho comprando com desconto ao pagar à vista!

Para abandonar a via das dívidas destruidoras do seu poder aquisitivo e adotar de vez a dos investimentos dinâmicos — ou seja, para dar essa importante virada rumo à prosperidade sustentável e duradoura —, siga **O Plano Da Virada® | Traçar Planos de Investimentos**:

- Apure o preço de mercado = sua meta de acumulação;
- Encontre o prazo de realização factível do seu sonho;
- Corrija o preço do sonho de acordo com a inflação;
- Garimpe as aplicações financeiras de melhor RLRA;
- Compare-as pelo esforço poupador & investidor;
- Compare a via da dívida ao esforço em cada aplicação;

- Compare as aplicações e priorize a mais dinâmica;
- Ajuste seu plano e encaixe-o no orçamento mensal;
- Trace um plano específico para cada sonho;
- Acompanhe seu plano e monitore seu desempenho.

CAPÍTULO 4

O **prazo** é o senhor da razão financeira para quem quer ganhar mais com segurança. O **prazo de realização** traçado para cada sonho lhe indicará a melhor aplicação, conforme o **prazo de maturação** de cada uma delas. Existem **cinco faixas de prazos indicadas** para o enquadramento das diferentes aplicações financeiras conservadoras em nosso país, e encontramos, no Tesouro Direto, diferentes opções de títulos públicos para atender satisfatoriamente a planos em cada uma dessas faixas (e mais marcadamente a partir do médio prazo):

- **Curtíssimo prazo (CCP)**: até 12 meses (um ano);
- **Curto prazo (CP)**: de 13 a 24 meses (entre um e dois anos);
- **Médio prazo (MP)**: de 25 a 60 meses (entre dois e cinco anos);
- **Longo prazo (LP)**: de 61 a 120 meses (entre cinco e dez anos);
- **Longuíssimo prazo (LLP)**: acima de 120 meses (mais de dez anos).

CAPÍTULO 5

Fazer a **abertura de sua conta corrente** em uma *corretora de valores on-line* é muito mais fácil que abrir uma conta em um banco. Não leva nem meia hora e pode ser feito 100% de casa ou do escritório com muita segurança, conforto e praticidade. Além disso, a abertura não tem custo algum e também não há nenhuma cobrança para manter sua conta aberta.

Então, não deixe que o preconceito ("é complicado" / "é demorado" / "é caro") ou a procrastinação ("agora não vai dar" / "depois eu faço") o impeça de abrir sua conta e passar a fazer investimentos dinâmicos em títulos públicos. Quer mesmo prosperar? Então não vá trair seus próprios interesses...

CAPÍTULO 6

Os títulos da **Dívida Pública Federal** brasileira, negociados no Tesouro Direto, são papéis de elevada *segurança*, conforme a *solidez* da DPF. Apesar de estar crescendo mais aceleradamente do que o recomendável neste momento, nossa dívida pública é relativamente *pequena*, *bem distribuída*, *alongada* e *pouco exposta* às flutuações nas finanças globais.

Os títulos públicos do TD são aplicações conservadoras, porém com distintas características de *dinamismo*, dado o amplo leque de títulos disponíveis quanto à *métrica de rentabilização* (prefixados, pós ou híbridos), quanto ao *prazo de maturação* (que pode ser de apenas alguns anos ou de algumas décadas, sempre com liquidez diária), e quanto aos *valores investidos* (que, partindo de apenas R$ 30, podem chegar a vários milhões).

CAPÍTULO 7

São dez os títulos públicos hoje ofertados no canal Tesouro Direto:

- **Prefixados**:
  - Tesouro Prefixado 2019 (LTN)
  - Tesouro Prefixado 2023 (LTN)
  - Tesouro Prefixado c/ Juros Semestrais 2027 (NTNF)
- **Indexados à Taxa Selic**:
  - Tesouro Selic 2021 (LFT)
- **Indexados ao IPCA**:
  - Tesouro IPCA+ 2019 (NTNB Principal)
  - Tesouro IPCA+ 2024 (NTNB Principal)
  - Tesouro IPCA+ c/ Juros Semestrais 2026 (NTNB)
  - Tesouro IPCA+ c/ Juros Semestrais 2035 (NTNB)
  - Tesouro IPCA+ 2035 (NTNB Principal)
  - Tesouro IPCA+ c/ Juros Semestrais 2050 (NTNB)

Entre essa ampla oferta, você poderá encontrar os que mais se encaixam em seus planos de investimentos, de acordo com as seguintes características desses papéis:

- **Métrica de rentabilização**: prefixados (três títulos) × pós (um título) × híbrida (pré + IPCA = seis títulos);
- **Prazo de maturação**: de 2,5 anos a 34 anos;
- **Sonhos que casam melhor**: metas de médio prazo (três dos dez títulos disponíveis), de longo prazo (outros três títulos) ou, ainda, de longuíssimo prazo (quatro dos dez títulos do TD);
- **Valor do título para compra**: a compra mínima no Tesouro Direto é de R$ 30, sendo possível adquirir de 1% em 1% de cada título a partir desse valor mínimo;
- **Geração de fluxo de renda contínuo semestral**: há quatro títulos que atendem a essa necessidade no Tesouro Direto.

CAPÍTULO 8

COMPRANDO E VENDENDO TÍTULOS PÚBLICOS NO TESOURO DIRETO PELA CORRETORA ON-LINE

Como aplicar nos títulos públicos usando o site de sua corretora: veja passo a passo, tela a tela!

Agora que você já abriu sua conta na corretora Rico, transferiu para ela os primeiros recursos financeiros a serem investidos e já aprendeu o que há de mais importante sobre a dinâmica das aplicações em títulos públicos, juntos iremos realizar suas operações de *compra* e *venda* desses títulos via Tesouro Direto. Você verá que é fácil, prático, rápido e muito seguro! Vá ao site **www.rico.com.vc**, digite seu *login* e sua *senha*, e clique no botão LOGIN:

Observe o canto superior direito: lá estão os R$ 1 mil da TED que eu havia feito para minha conta na Rico, neste local estará a grana que você transferiu para sua conta. Observe a seção *Tesouro Direto* no miolo da página inicial e clique no botão SAIBA MAIS desta seção:

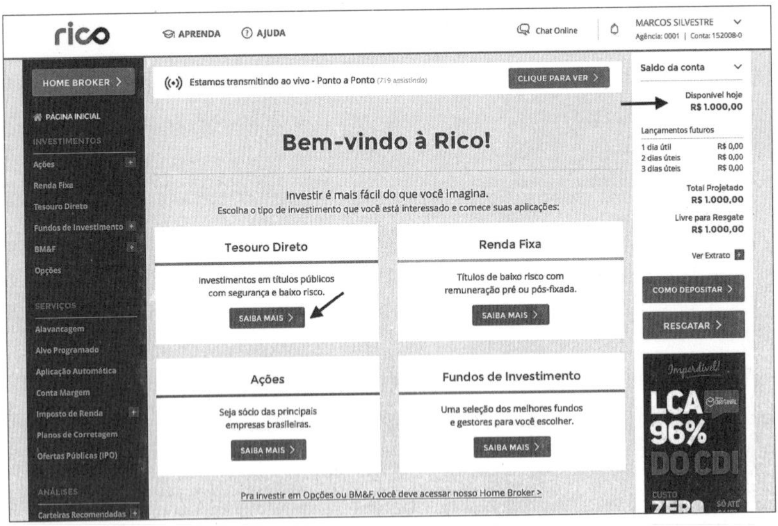

Você acaba de ser direcionado para a página *Tesouro Direto* dentro do site da corretora. Note que aí diz: *"Você ainda não possui investimentos em*

Tesouro Direto". Veja também, logo abaixo, que já começa a aparecer a lista dos títulos públicos compráveis:

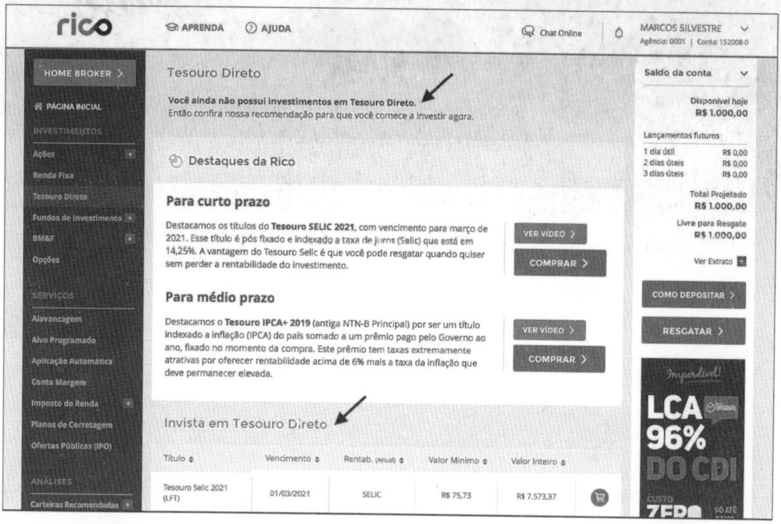

Role para baixo essa página *Tesouro Direto* e você verá a lista completa dos dez títulos compráveis no TD. Estão todos lá, conforme você já os conhece bem:

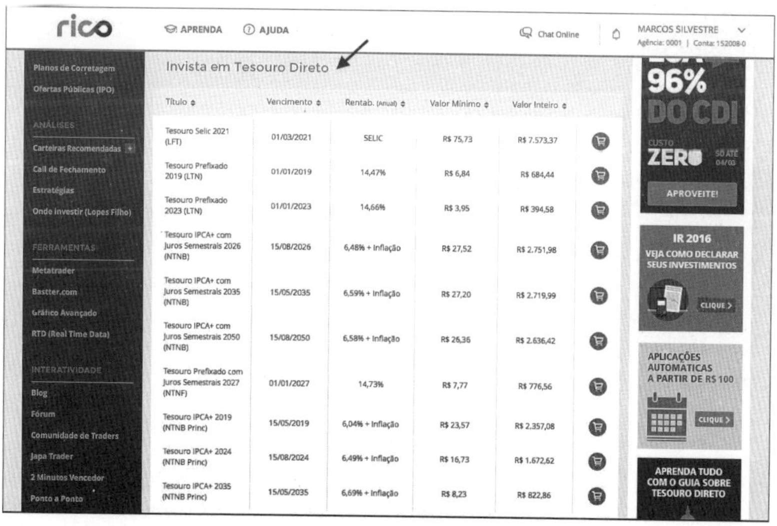

Veja só como esses dez títulos compráveis mostrados na área *Tesouro Direto* do site da corretora correspondem exatamente aos dez títulos mostrados na tabela *Preços e taxas dos títulos públicos disponíveis para compra*, diretamente extraída do site do Tesouro Direto:

Preços e taxas dos títulos públicos disponíveis para compra

Título	Vencimento	Taxa % a.a.		Preço Unitário Dia	
		Compra	Venda	Compra	Venda
Indexados ao IPCA					
Tesouro IPCA+ 2019 (NTNB Princ)	15/05/2019	6,04	-	R$2.357,08	-
Tesouro IPCA+ 2024 (NTNB Princ)	15/08/2024	6,49	-	R$1.672,62	-
Tesouro IPCA+ com Juros Semestrais 2026 (NTNB)	15/08/2026	6,48	-	R$2.751,98	-
Tesouro IPCA+ com Juros Semestrais 2035 (NTNB)	15/05/2035	6,59	-	R$2.719,99	-
Tesouro IPCA+ 2035 (NTNB Princ)	15/05/2035	6,69	-	R$822,86	-
Tesouro IPCA+ com Juros Semestrais 2050 (NTNB)	15/08/2050	6,58	-	R$2.636,42	-
Prefixados					
Tesouro Prefixado 2019 (LTN)	01/01/2019	14,47	-	R$684,44	-
Tesouro Prefixado 2023 (LTN)	01/01/2023	14,66	-	R$394,58	-
Tesouro Prefixado com Juros Semestrais 2027 (NTNF)	01/01/2027	14,73	-	R$776,56	-
Indexados à Taxa Selic					
Tesouro Selic 2021 (LFT)	01/03/2021	0,01	-	R$7.573,37	-

Atualizado em: **04/03/2016 11:28**

Bem, concentre-se, agora, na listagem dos dez títulos públicos compráveis do Tesouro Direto, conforme aparecem na página *Tesouro Direto* do site da Rico.

Para ilustrar o processo de compra, realizei a aquisição de três títulos públicos, os mais clássicos, cada representante de um dos três principais conjuntos de papéis oferecidos no TD. Atente-se ao desenho do *carrinho de compras* na coluna da extrema direita da tabela de títulos compráveis. É aí que você deverá clicar para comprar cada título desejado:

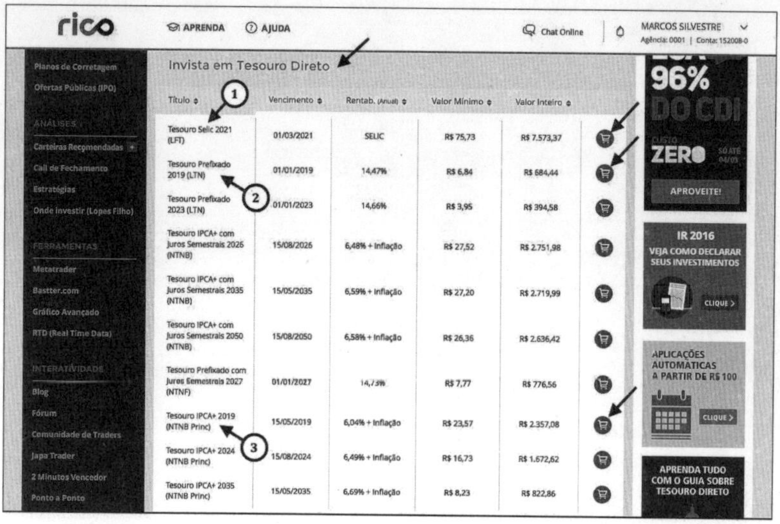

Ao clicar no carrinho do primeiro título da lista, o **Tesouro Selic 2021 (LFT)**, o que se vê surgir na tela é a seguinte caixa *pop-up* com as principais características do título: *nome* / *valor mínimo* (1%) / *valor inteiro* / *rentabilidade* / *vencimento*.

Pegue uma calculadora comum, divida o valor em reais que você pretende comprar desse título pelo seu valor mínimo (certifique-se de que dê, pelo menos, os R$ 30 de aplicação mínima exigida pelo TD) e insira no campo *Quantidade* o resultado (arredondado para duas casas depois da vírgula), que corresponde à quantidade exata que pretende comprar.

Inserir o número 1 inteiro significa o desejo de comprar um título inteiro, enquanto o número 0,01 sinaliza sua disposição de comprar a mínima fração possível de 1% do título. No meu caso, escolhi comprar 0,05 ou 5% desse título. Ao inserir essa informação no campo *Quantidade*, o site já reajusta automaticamente o campo acima: *Valor*. Portanto, estando de acordo com o que vê na tela, digite sua *assinatura eletrônica* e clique em APLICAR:

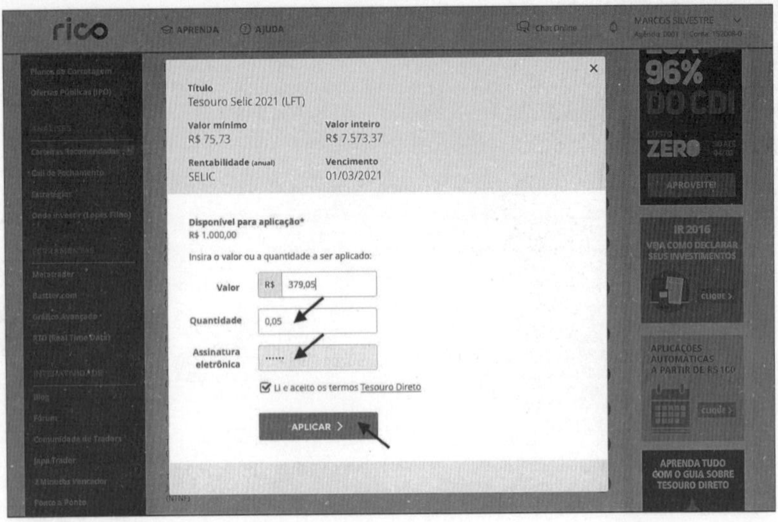

Você verá surgir na tela a confirmação de sua ordem de aplicação para a exata quantidade especificada:

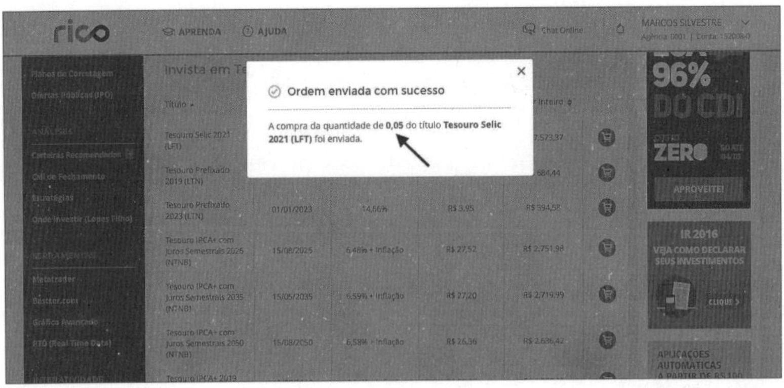

Feche essa caixa de diálogo *pop-up* e você estará novamente na página *Tesouro Direto* do site da corretora (que havia ficado esmaecida ao fundo, durante toda a operação de compra). Mas... será que você aplicou mesmo nesse título? Sim! Repare no canto superior direito que o *Saldo da Conta* mudou, já refletindo sua compra. Repare também na faixa *Acompanhamento*, no topo da página *Tesouro Direto*, o registro completo dessa sua operação, com o *status* de *Liquidando*:

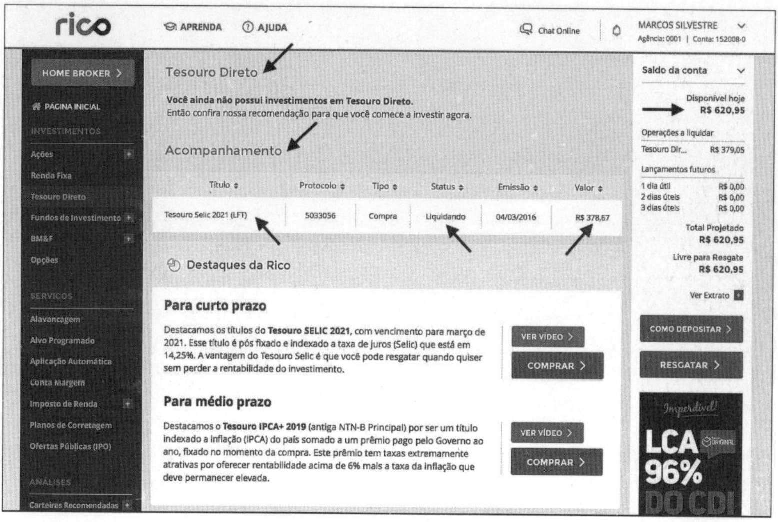

Em seguida, eu repeti pela segunda vez exatamente a mesma operação de compra, mas com o título **Tesouro Prefixado 2019 (LTN)**, na *Quantidade* de 0,45 ou 45%:

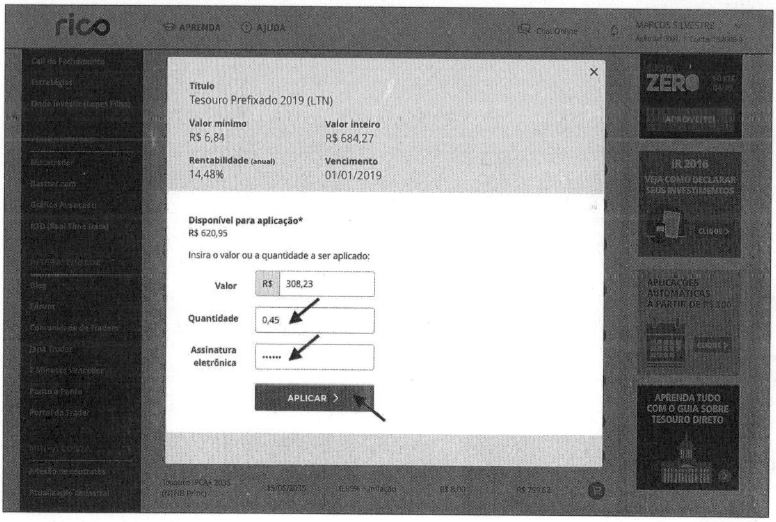

De forma idêntica, obtive a confirmação desta operação em um *pop-up*:

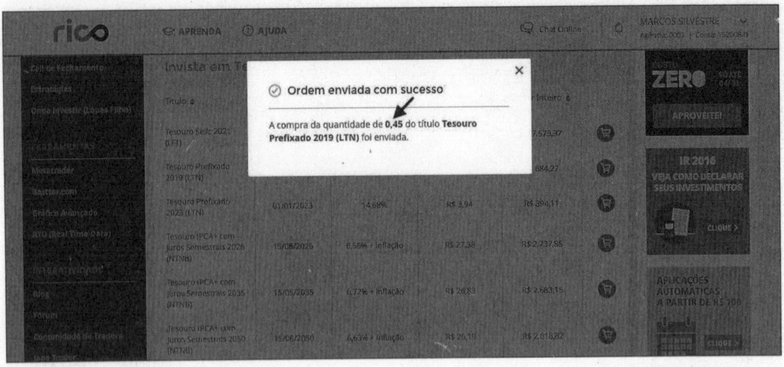

E, da mesma maneira, notei que esta compra também havia sido registrada no site da corretora, na página *Tesouro Direto* (da qual, na prática, eu não havia saído esse tempo todo), na faixa *Acompanhamento* (com o status *Liquidando*):

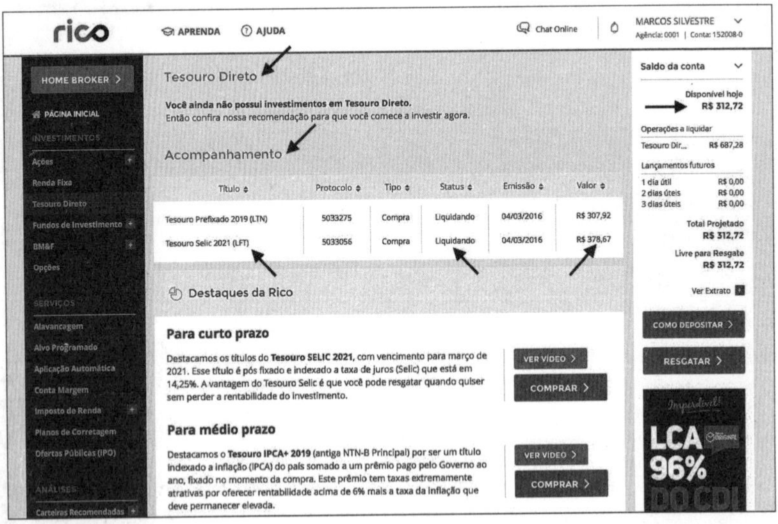

Fui, então, à terceira compra de título público do dia, o **Tesouro IPCA+ 2019 (NTNB Principal)**. Como eu tinha apenas R$ 312,72 de saldo disponível (após as duas primeiras compras), tentei simular a aquisição de 0,14 ou 14% desse título, mas o valor total ficaria em R$ 330,42, excedendo ligeiramente o meu saldo disponível:

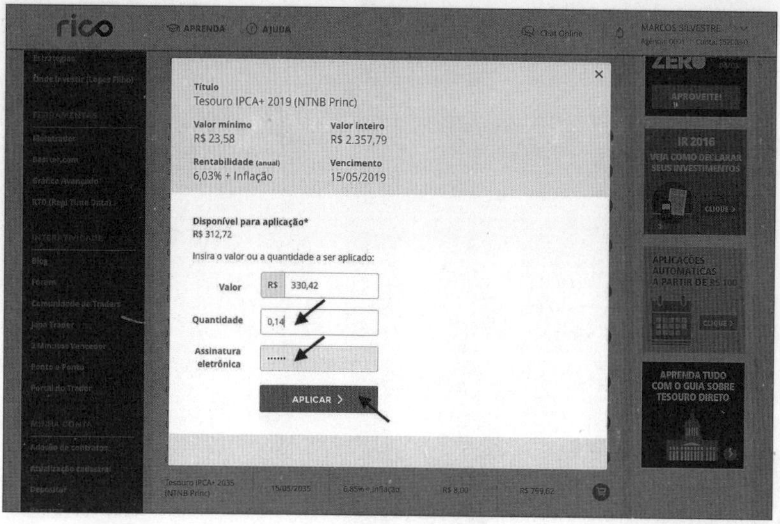

Portanto, ajustei a *Quantidade* para 0,13 ou 13% do título, apareceu o novo valor, que era compatível com meu saldo, e então cliquei em APLICAR:

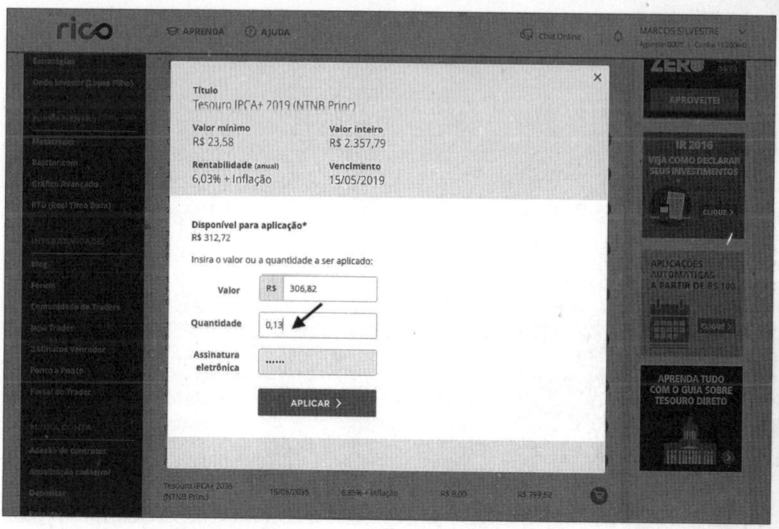

Veja a confirmação desta minha última operação de compra do dia:

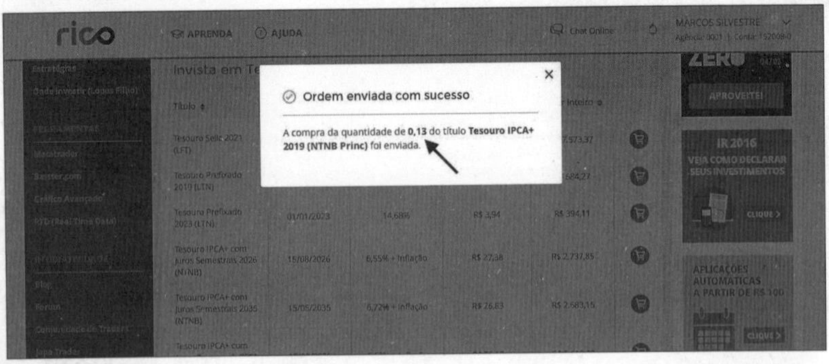

Na página *Tesouro Direto*, eis meu novo saldo: R$ 5,90. Na faixa *Acompanhamento* dessa mesma página, estavam lá as minhas três compras, descritas com precisão, com *status Liquidando*:

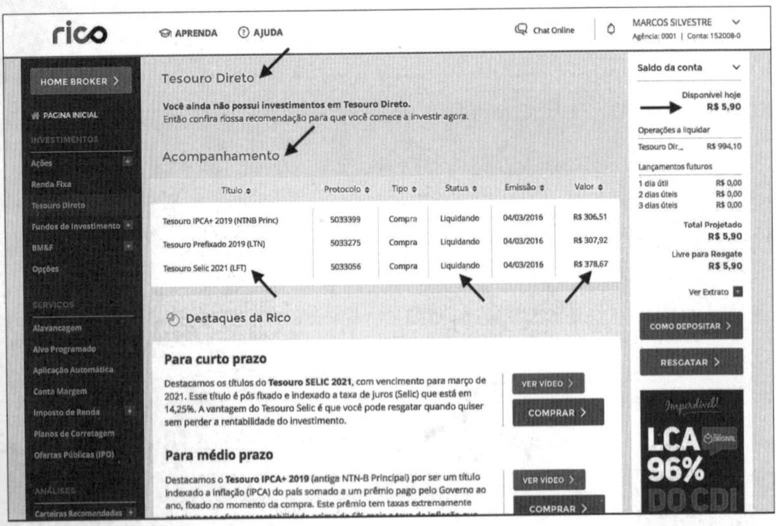

Voltei então à *página inicial* do *site* e estava tudo igual, a não ser pelo saldo de R$ 5,90 que já havia sido atualizado:

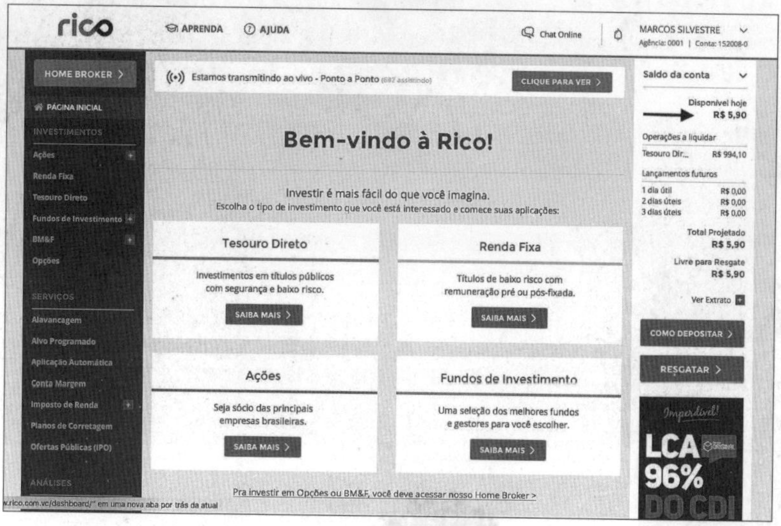

Cliquei então no item *Extrato*, quase no finalzinho da coluna em preto à esquerda da tela. Curiosamente, esse extrato apenas mostrava meu depósito de R$ 1 mil, e nada havia lá sobre minhas três compras de títulos: poderia ter dado algo errado? De forma alguma! Acontece que o extrato da corretora, o documento *oficial* de suas operações de compra e venda de ativos, só mostra as operações já devidamente *liquidadas* (no Tesouro, na bolsa...):

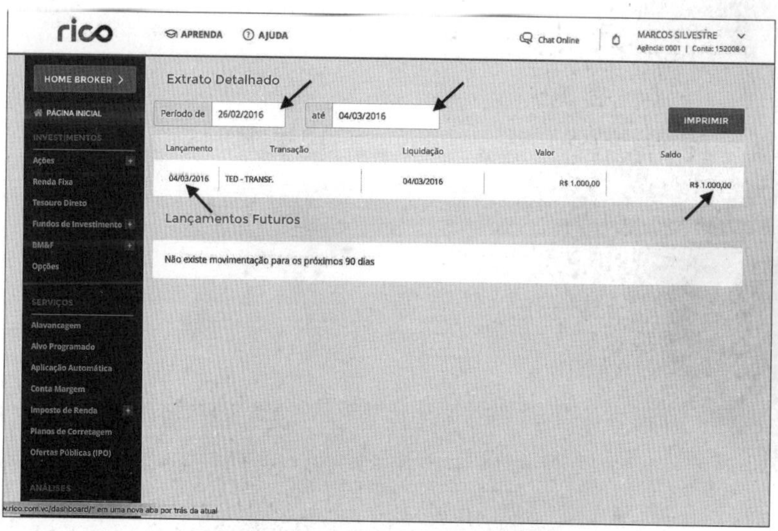

Acionei então o *atendimento eletrônico* (*chat*) da corretora para perguntar quanto tempo levaria para a informação das compras aparecerem no extrato atualizado:

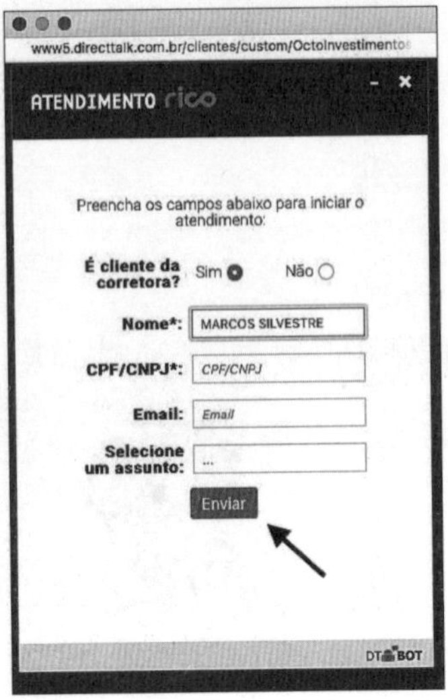

Em um primeiro momento, o *atendimento eletrônico* (*chat*) não entendeu exatamente minha dúvida:

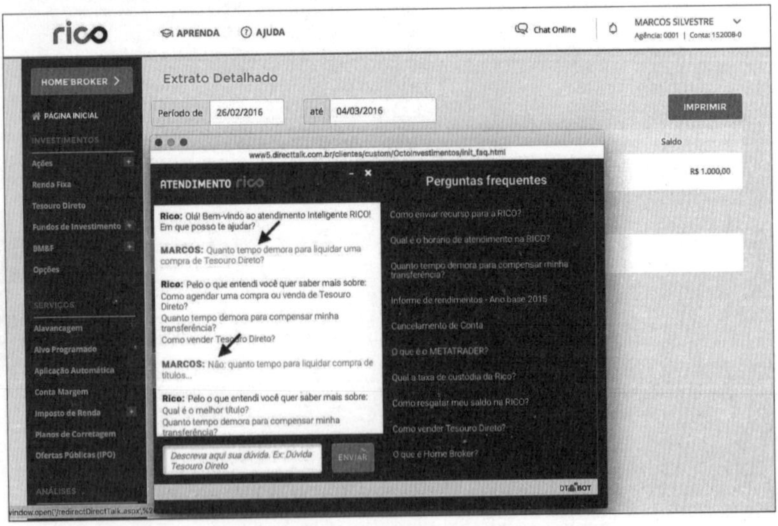

Como eu insisti, o *atendimento eletrônico* (*chat*) percebeu que não conseguiria solucionar minha dúvida e lembrou-me: *"Sou um robô... você poderá falar com um de nossos operadores"*. Ok, foi o que fiz: peguei o telefone. A atendente me esclareceu prontamente que as compras seriam mostradas no meu extrato da corretora tão logo fossem liquidadas no Tesouro Nacional (entre um e dois dias).

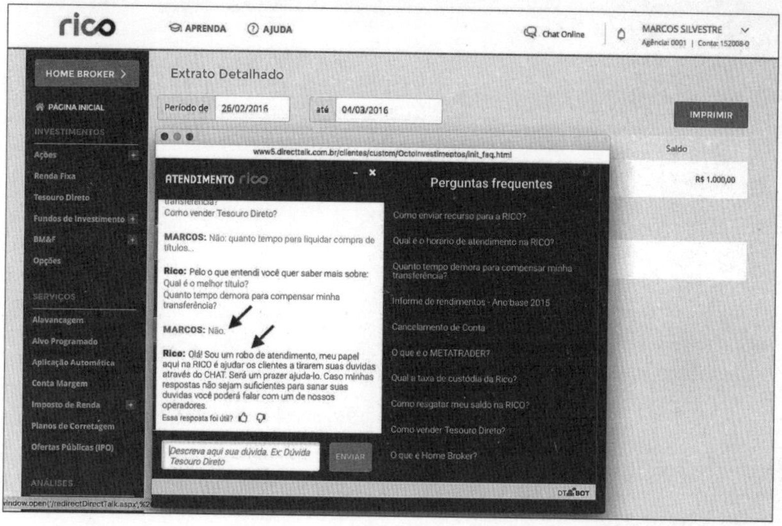

No dia seguinte veio o e-mail de confirmação, direto do Tesouro Nacional e da BM&FBOVESPA, informando que minha compra havia sido liquidada:

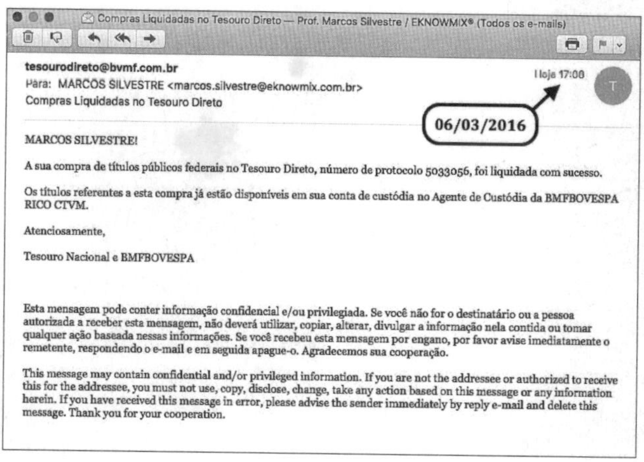

tesourodireto@bvmf.com.br
Para: MARCOS SILVESTRE <marcos.silvestre@eknowmix.com.br>
Compras Liquidadas no Tesouro Direto
Hoje 17:00

MARCOS SILVESTRE!

A sua compra de títulos públicos federais no Tesouro Direto, número de protocolo 5033056, foi liquidada com sucesso.

Os títulos referentes a esta compra já estão disponíveis em sua conta de custódia no Agente de Custódia da BMFBOVESPA RICO CTVM.

Atenciosamente,

Tesouro Nacional e BMFBOVESPA

Esta mensagem pode conter informação confidencial e/ou privilegiada. Se você não for o destinatário ou a pessoa autorizada a receber esta mensagem, não deverá utilizar, copiar, alterar, divulgar a informação nela contida ou tomar qualquer ação baseada nessas informações. Se você recebeu esta mensagem por engano, por favor avise imediatamente o remetente, respondendo o e-mail e em seguida apague-o. Agradecemos sua cooperação.

This message may contain confidential and/or privileged information. If you are not the addressee or authorized to receive this for the addressee, you must not use, copy, disclose, change, take any action based on this message or any information herein. If you have received this message in error, please advise the sender immediately by reply e-mail and delete this message. Thank you for your cooperation.

Então, acessei novamente minha conta na corretora para conferir o que estava registrado lá:

Ao fazer o *login*, fui diretamente direcionado à página *Tesouro Direto* do site e logo vi estes gráficos, mostrando a exata posição de minha carteira de títulos públicos após as três compras realizadas alguns dias antes. E mais: todas as posições já valoradas a mercado para o dia do demonstrativo (ao lado da coluna *Valor Aplicado* nas tabelas, observe a coluna *Valor Atual*):

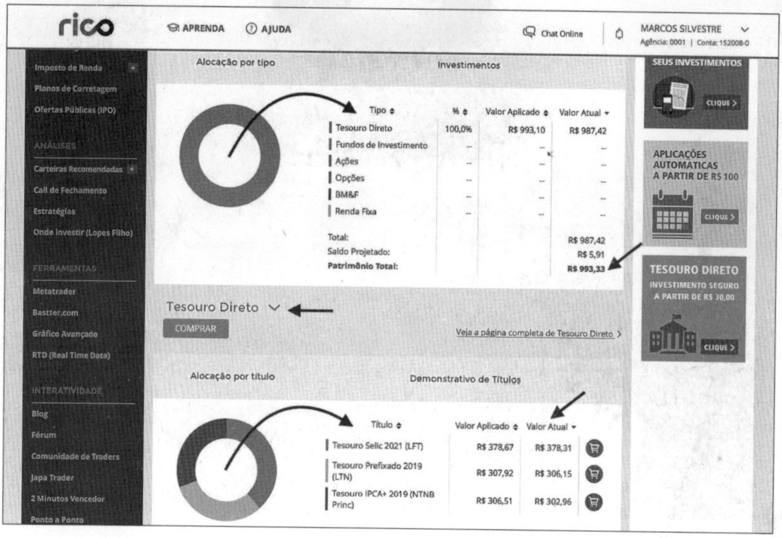

Então, puxando o *Extrato* pelo site da corretora, lá estavam (agora formalmente registradas!) as compras já liquidadas; e na coluna à extrema direita, os saldos da minha conta, compra a compra, até a última posição de R$ 5,91:

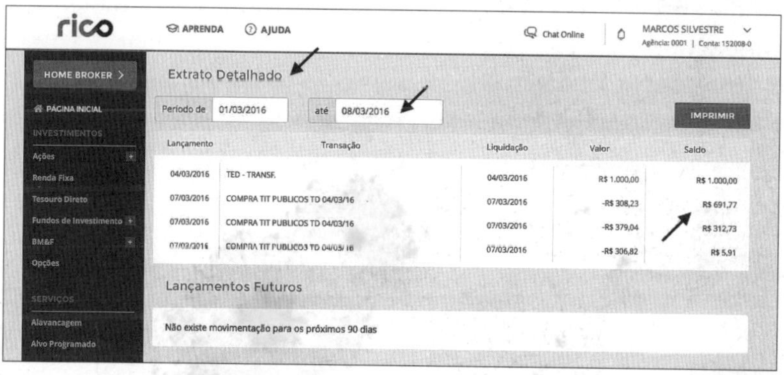

Assim, para ilustrar o processo de *venda* de títulos públicos via Tesouro Direto, pelo site da corretora Rico, fui à página Tesouro Direto. Lá encontrei a listagem dos meus títulos disponíveis para venda: era hora de agir no sentido inverso! Procedi então com as operações de venda 1, 2 e 3 dos três tipos de títulos públicos em minha carteira, desfazendo-me deles na mesma ordem em que os havia comprado:

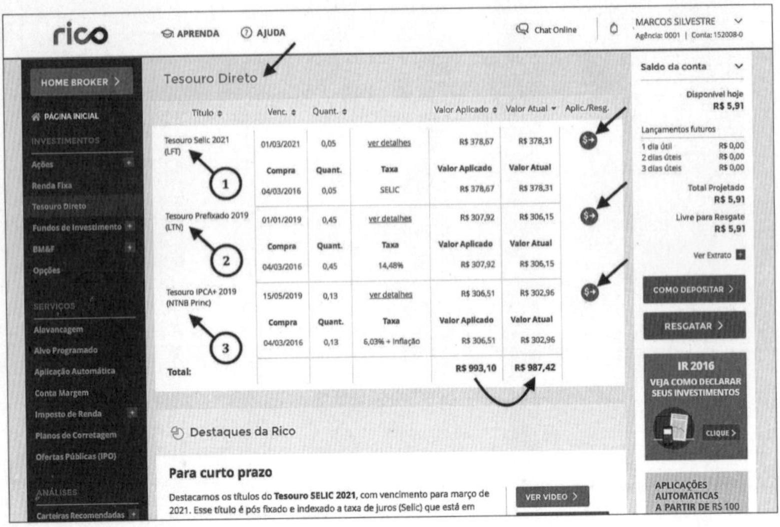

Comecei vendendo a *Quantidade* fracionária de 0,05% do título **Tesouro Selic 2021 (LFT)**, pelo valor de R$ 378,31 (ligeiramente abaixo, portanto, dos R$ 397,05 que eu havia pago, fenômeno ao qual todo investidor está sujeito quando vende seus títulos antes de sua data natural de vencimento, seu prazo de maturação):

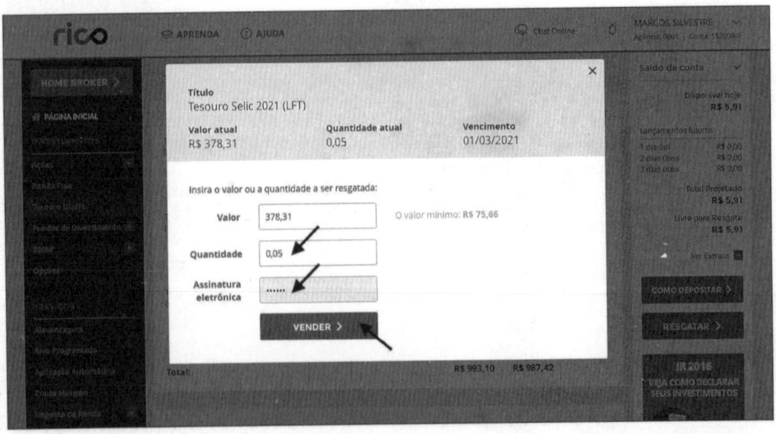

Eis aqui a confirmação da venda desta fração de **Tesouro Selic 2021 (LFT)** que surgiu como um *pop-up* na tela:

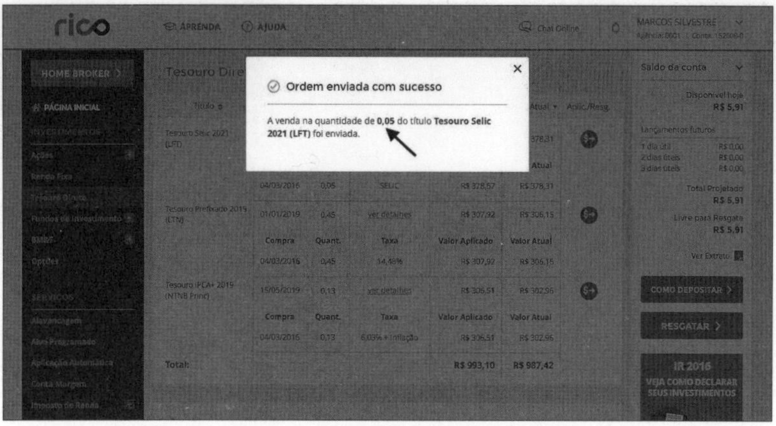

Na operação de venda 2, revendi ao Tesouro a *Quantidade* fracionária de 0,45% do título **Tesouro Prefixado 2019 (LTN)**, pelo valor de R$ 306,15 (discretamente abaixo, portanto, dos R$ 308,23 que eu pagara dias atrás):

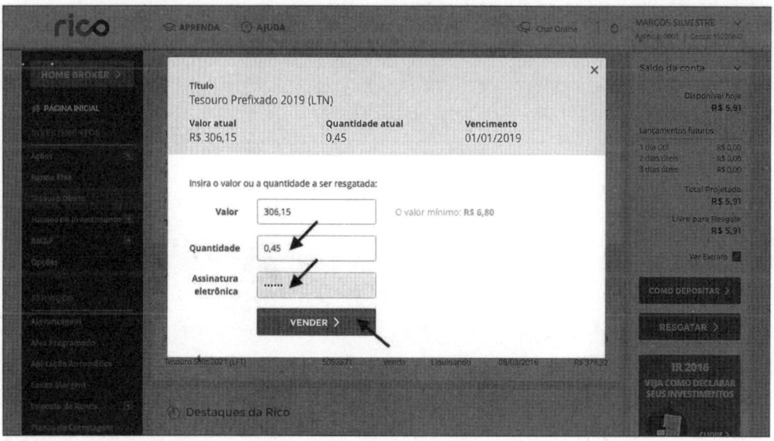

Recebi, então, a confirmação da venda dessa fração de **Tesouro Prefixado 2019 (LTN)** através de uma pequena tela *pop-up*:

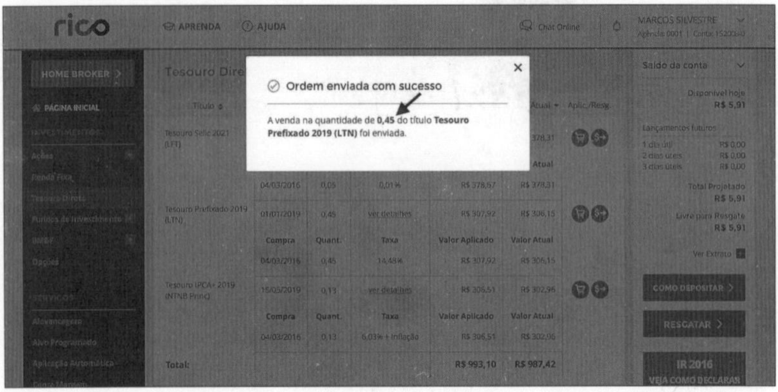

Prosseguindo com a operação de venda 3, desfiz-me da *Quantidade* fracionária de 0,13% que detinha em carteira do título **Tesouro IPCA+ 2019 (NTNB Principal)** pelo valor de R$ 302,96 (também um pouquinho abaixo dos R$ 306,82 que eu havia pago):

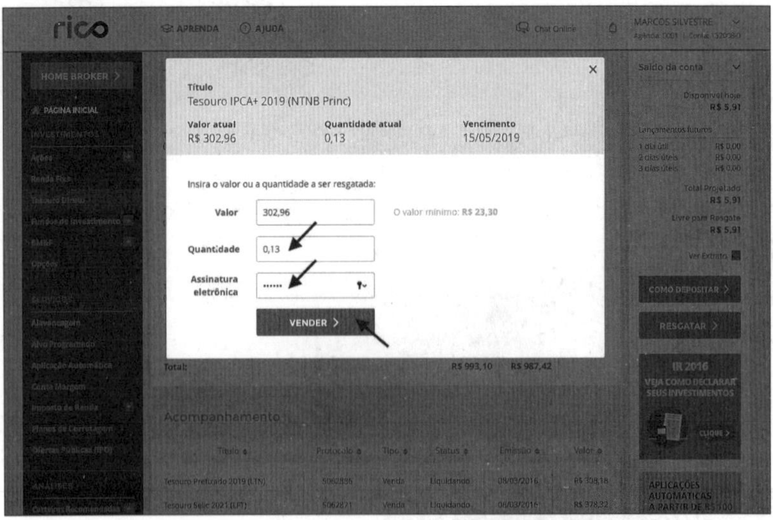

Daí, recebi de imediato a confirmação da venda dessa fração de **Tesouro IPCA+ 2019 (NTNB Principal)** na telinha *pop-up*:

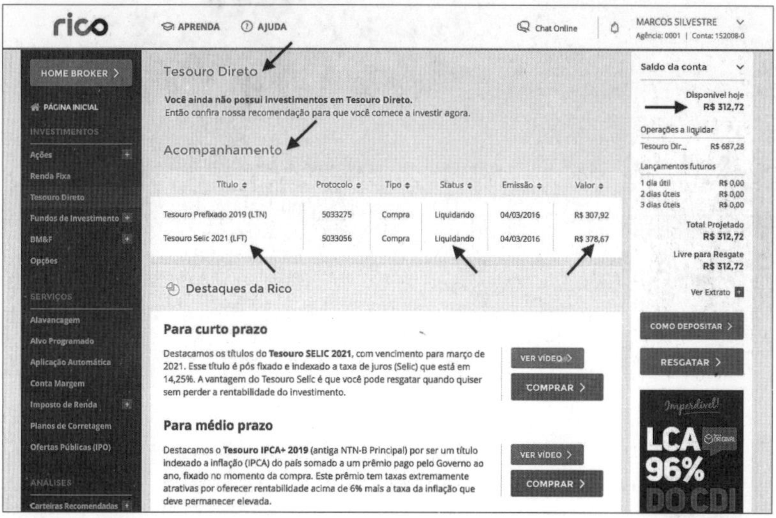

Voltando à página *Tesouro Direto* do site da Rico pude constatar, na faixa *Acompanhamento* dessa página, que as minhas três vendas já se encontravam lá registradas, com o status de *Liquidando*:

Logo em seguida, ao requisitar o *Extrato* detalhado do site, observei que as vendas ainda não constavam nesse informativo. Mas isso eu já deveria saber, uma vez que fui informado, lá no começo, de que no extrato só aparecem operações efetivamente *liquidadas*:

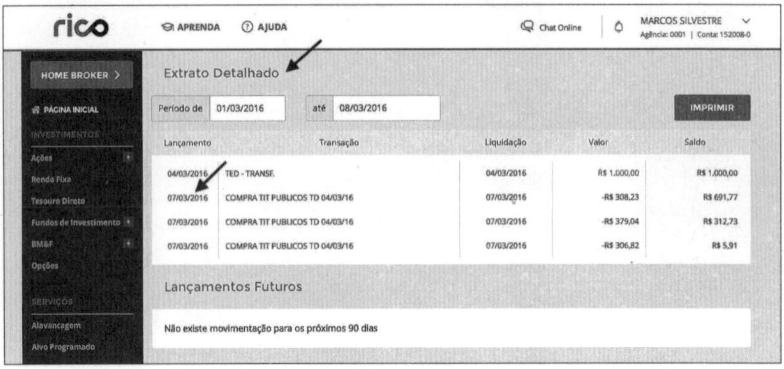

Eu observei, porém, que no canto direito superior da página *Tesouro Direto* já dava para ver o novo *Saldo da conta*, considerando minhas vendas, somando o valor (a ser) creditado de R$ 995,75:

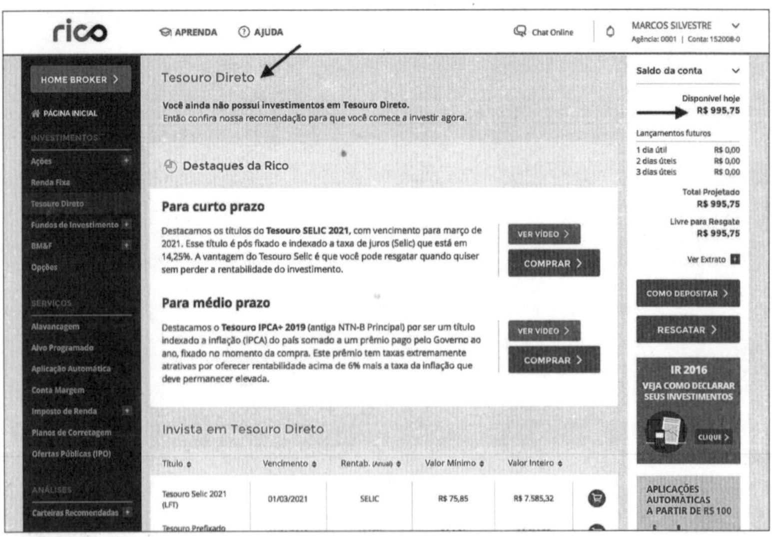

No dia seguinte, o extrato já mostrava o *provisionamento* das vendas realizadas:

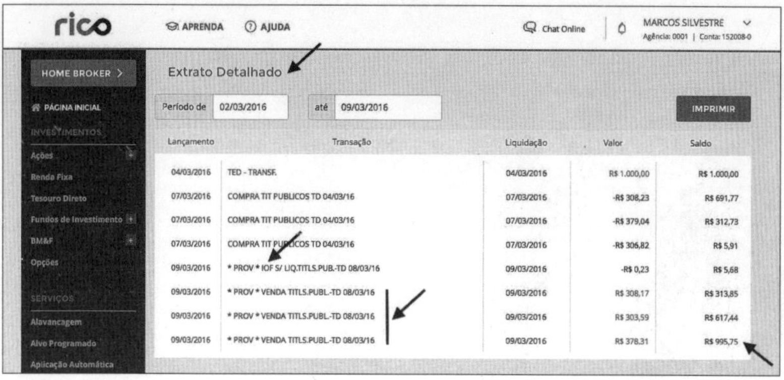

Um dia depois, as vendas já constavam oficialmente do extrato:

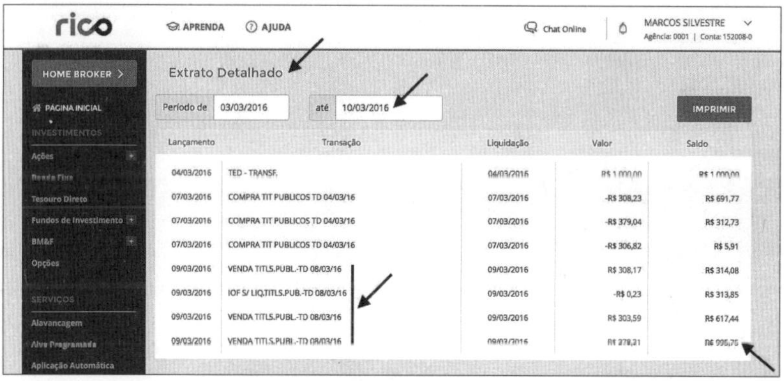

Viu como é fácil comprar e vender títulos públicos do TD pela Rico?

Agora devo lembrá-lo de que os sites de internet são dinâmicos e poderão receber naturais alterações de melhoria com o passar do tempo (o que tornaria as telas ligeiramente diferentes das apresentadas neste livro). No entanto, procure por perto, pois a informação necessária sempre poderá ser localizada não muito longe. Havendo qualquer dúvida, antes de tomar uma decisão ou efetuar qualquer operação, de compra ou venda, entre em contato com o **setor de atendimento da corretora**, seja on-line, por e-mail ou por telefone.

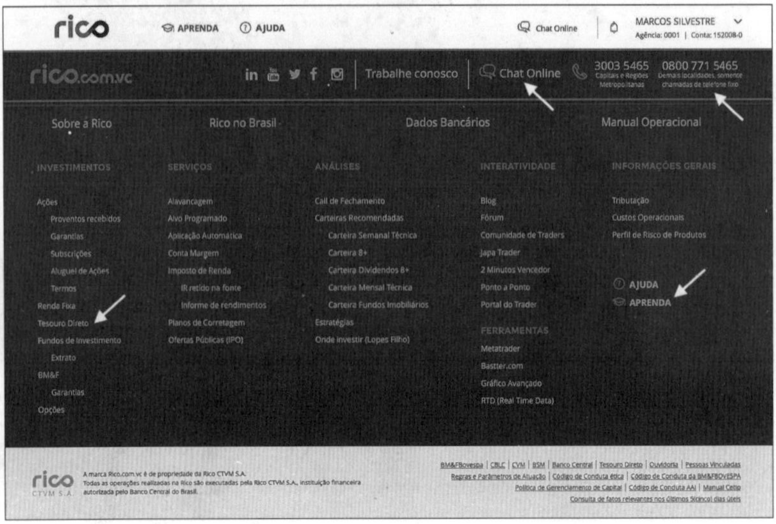

Um último alerta: ao providenciar suas operações no Tesouro Direto, não tenha tanta pressa no *decidir*, e muito menos no *operar*. Seja um investidor precavido e cuidadoso, pois a informação exata e a atitude certa o levarão muito mais rápido aonde quer chegar com suas aplicações financeiras: a concretização de seus principais sonhos de compra e consumo, enfim, a conquista da prosperidade sustentável e duradoura que lhe garantirá a qualidade de vida plena que você deseja para si e para os seus queridos. Pois é também isso o que eu lhes desejo a todos ☺ !

SÍNTESE DO APRENDIZADO DESTE LIVRO: TROQUE JÁ A POUPANÇA PELO TESOURO DIRETO!

Veja a seguir uma síntese de tudo o que aprendeu neste livro sobre como tornar-se um *investidor multiplicador* — ou seja, aquele aplicador que está determinado a batalhar por ganhos mais dinâmicos, ao mesmo tempo em que não se mostra disposto a abrir mão de um elevado nível de segurança, investindo em títulos públicos via Tesouro Direto!

CAPÍTULO 1

O que faz o dinheiro aplicado crescer e se multiplicar para valer, inclusive de forma bastante diferenciada nas aplicações dinâmicas (como os títulos públicos do Tesouro Direto), é somente a **Rentabilidade Líquida Real Acumulada (RLRA)**. Portanto, é indispensável para o aplicador multiplicador tomar os seguintes cuidados:

- avaliar o impacto do IR **cobrado** sobre as diferentes aplicações;
- conhecer direito as **taxas incidentes** em cada uma;
- calcular o desgaste da **inflação** no poder aquisitivo do dinheiro;
- valorizar o efeito multiplicador dos **juros acumulados** nos anos.

CAPÍTULO 2

As **aplicações financeiras conservadoras** são definidas por cinco importantes *qualidades*, e você encontrará uma excelente combinação de todas elas nos títulos públicos oferecidos através do Tesouro Direto:

- **Rentabilidade:** diferenciada e dinâmica;
- **Acessibilidade:** a maior do mercado (igual à da poupança);
- **Risco:** elevada segurança = conservadorismo;
- **Liquidez:** elevadíssima (diária);
- **Prazo de maturação:** do médio ao longuíssimo prazo.

Seu perfil psicológico de investidor isoladamente não define o aplicador que você é, muito menos o investidor dinâmico que deseja ser! Você deve, então, buscar **seu verdadeiro perfil de investidor multiplicador** conforme cada plano que tenha, para cada um de seus sonhos, respeitando sempre as suas *necessidades* e as suas *possibilidades* em cada caso (buscando o que é bom *para você*):

- **Possibilidades:**
    - **disponibilidade de acompanhamento:** naturalmente baixa...
    - **capacidade de poupança mensal:** qual é seu melhor número?
- **Necessidades:**
    - **prazo de realização:** quanto tempo para cada sonho?
    - **meta de acumulação:** quanto acumular em cada plano?

CAPÍTULO 3

Como você pretende conquistar seus principais sonhos de compra e consumo? Pode ser pagando pesados juros em pesadas (e arriscadas!) dívidas. Ou... poupando e aplicando em títulos públicos e ganhando juros sobre juros. Desse modo você baterá muito mais rápido (e com maior segurança!) sua meta de acumulação, e conseguirá realizar seu sonho comprando com desconto ao pagar à vista!

Para abandonar a via das dívidas destruidoras do seu poder aquisitivo e adotar de vez a dos investimentos dinâmicos — ou seja, para dar essa importante virada rumo à prosperidade sustentável e duradoura —, siga **O Plano Da Virada® | Traçar Planos de Investimentos**:

- Apure o preço de mercado = sua meta de acumulação;
- Encontre o prazo de realização factível do seu sonho;
- Corrija o preço do sonho de acordo com a inflação;
- Garimpe as aplicações financeiras de melhor RLRA;
- Compare-as pelo esforço poupador & investidor;
- Compare a via da dívida ao esforço em cada aplicação;
- Compare as aplicações e priorize a mais dinâmica;
- Ajuste seu plano e encaixe-o no orçamento mensal;
- Trace um plano específico para cada sonho;
- Acompanhe seu plano e monitore seu desempenho.

CAPÍTULO 4

O **prazo** é o senhor da razão financeira para quem quer ganhar mais com segurança. O **prazo de realização** traçado para cada sonho lhe indicará a melhor aplicação, conforme o **prazo de maturação** de cada uma delas.

Existem **cinco faixas de prazos indicadas** para o enquadramento das diferentes aplicações financeiras conservadoras em nosso país, e encontramos, no Tesouro Direto, diferentes opções de títulos públicos para atender satisfatoriamente a planos em cada uma dessas faixas (e mais marcadamente a partir do médio prazo):

- **Curtíssimo prazo (CCP):** até 12 meses (um ano);
- **Curto prazo (CP):** de 13 a 24 meses (entre um e dois anos);
- **Médio prazo (MP):** de 25 a 60 meses (entre dois e cinco anos);
- **Longo prazo (LP):** de 61 a 120 meses (entre cinco e dez anos);
- **Longuíssimo prazo (LLP):** acima de 120 meses (mais de dez anos).

CAPÍTULO 5

Fazer a **abertura de sua conta corrente** em uma *corretora de valores on-line* é muito mais fácil que abrir uma conta em um banco. Não leva nem meia hora e pode ser feito 100% de casa ou do escritório com muita segurança, conforto e praticidade. Além disso, a abertura não tem custo algum e também não há nenhuma cobrança para manter sua conta aberta.

Então, não deixe que o preconceito ("é complicado" / "é demorado" / "é caro") ou a procrastinação ("agora não vai dar" / "depois eu faço") o impeça de abrir sua conta e passar a fazer investimentos dinâmicos em títulos públicos. Quer mesmo prosperar? Então não vá trair seus próprios interesses...

CAPÍTULO 6

Os títulos da **Dívida Pública Federal** brasileira, negociados no Tesouro Direto, são papéis de elevada *segurança*, conforme a *solidez* da DPF. Apesar de estar crescendo mais aceleradamente do que o recomendável neste momento, nossa dívida pública é relativamente *pequena*, *bem distribuída*, *alongada* e *pouco exposta* às flutuações nas finanças globais.

Os títulos públicos do TD são aplicações *conservadoras*, porém com distintas características de *dinamismo*, dado o amplo leque de títulos disponíveis quanto à *métrica de rentabilização* (prefixados, pós ou híbridos); quanto ao *prazo de maturação* (que pode ser de apenas alguns anos ou de algumas décadas, sempre com liquidez diária); e quanto aos *valores investidos* (que, partindo de apenas R$ 30, podem chegar a vários milhões).

CAPÍTULO 7

São dez os títulos públicos hoje ofertados no canal Tesouro Direto:

- **Prefixados:**
  - Tesouro Prefixado 2019 (LTN)
  - Tesouro Prefixado 2023 (LTN)
  - Tesouro Prefixado c/ Juros Semestrais 2027 (NTNF)
- **Indexados à Taxa Selic:**
  - Tesouro Selic 2021 (LFT)
- **Indexados ao IPCA:**
  - Tesouro IPCA+ 2019 (NTNB Principal)
  - Tesouro IPCA+ 2024 (NTNB Principal)

- Tesouro IPCA+ c/ Juros Semestrais 2026 (NTNB)
- Tesouro IPCA+ c/ Juros Semestrais 2035 (NTNB)
- Tesouro IPCA+ 2035 (NTNB Principal)
- Tesouro IPCA+ c/ Juros Semestrais 2050 (NTNB)

Entre essa ampla oferta, você poderá encontrar os que mais se encaixam em seus planos de investimentos, de acordo com as seguintes características desses papéis:

- **Métrica de rentabilização:** prefixados (três títulos) × pós (um título) × híbrida (pré + IPCA = seis títulos);
- **Prazo de maturação:** de 2,5 anos a 34 anos;
- **Sonhos que casam melhor:** metas de médio prazo (três dos dez títulos disponíveis), de longo prazo (outros três títulos) ou, ainda, de longuíssimo prazo (quatro dos dez títulos do TD);
- **Valor do título para compra:** a compra mínima no Tesouro Direto é de R$ 30, sendo possível adquirir de 1% em 1% de cada título a partir desse valor mínimo;
- **Geração de fluxo de renda contínuo semestral:** há quatro títulos que atendem a essa necessidade no Tesouro Direto.

CAPÍTULO 8

Comprar e vender, enfim, **transacionar títulos públicos** via Tesouro Direto através de sua corretora on-line é prático, rápido e muito seguro. Basta seguir as instruções tela a tela e, havendo qualquer dúvida, ter calma e procurar o setor de atendimento da sua corretora de valores. Comemore (até pouco tempo atrás nada disso seria possível), parta logo para a ação... e **vamos prosperar** ☺ !

ESTA É A OPORTUNIDADE QUE FALTAVA PARA VOCÊ DAR A VIRADA NA CARREIRA E COMEÇAR A GANHAR DINHEIRO POR CONTA PRÓPRIA!

CHEGOU A SUA VEZ... A HORA É ESSA!

Em tempos de crise, muitos donos de negócios irão fraquejar, definhar e até fechar as portas: está aí a oportunidade para novos empreendedores com pique, experiência e uma proposta de negócio diferenciada. Agora é com você!

SEU TALENTO, SEU NEGÓCIO!

Deixe de ser o talento dos outros, seja o dono do seu próprio talento, explorando-o em seu próprio negócio. Além de empreender ser um estímulo extra para atuar naquilo que se especializou, você pode ganhar muito mais, afinal, o lucro será redirecionado ao seu próprio bolso.

ADEUS, PATRÃO!

O maior retorno financeiro virá acompanhado de maior flexibilidade na agenda, permitindo conciliar melhor vida profissional e pessoal. Você também se verá livre, de uma vez por todas, da burocracia do mundo corporativo e terá maior autonomia para selecionar os trabalhos que deseja executar.

A CIÊNCIA DO SUCESSO

Empreender não deve ser uma aventura, algo para amador. Existe um caminho científico para conquistar o sucesso ao se lançar por conta própria. Convido você a conhecer este caminho e colocá-lo em prática imediatamente. Deste momento em diante, restará uma única dúvida em sua mente: "Por que não embarquei nesta antes?". Sempre há tempo: dê uma chance a si mesmo... e vamos faturar!

PROF. MARCOS SILVESTRE

ASSINE NOSSA NEWSLETTER E RECEBA INFORMAÇÕES DE TODOS OS LANÇAMENTOS

www.faroeditorial.com.br

FARO EDITORIAL

ESTA OBRA FOI IMPRESSA PELA SERMOGRAF EM AGOSTO DE 2016